名师名校名校长

凝聚名师共识
回应名师关怀
打造名师品牌
培育名师群体

顾明远题

名师名校名校长书系

用爱成就
最美的教育

沙秀芝 著

中国文联出版社

图书在版编目（CIP）数据

用爱成就最美的教育 / 沙秀芝著. -- 北京：中国文联出版社, 2024. 7. -- ISBN 978-7-5190-5579-0

Ⅰ. G612

中国国家版本馆CIP数据核字第2024UJ2042号

著　　者　沙秀芝
责任编辑　刘　旭
责任校对　秀点校对
装帧设计　刘贝贝　李　娜

出版发行　中国文联出版社有限公司
社　　址　北京市朝阳区农展馆南里10号　　邮编　100125
电　　话　010-85923025（发行部）　010-85923091（总编室）
经　　销　全国新华书店等
印　　刷　三河市龙大印装有限公司

开　　本　710毫米×1000毫米　　1/16
印　　张　17
字　　数　277千字
版　　次　2024年7月第1版第1次印刷
定　　价　68.00元

做学前教育三十多年了，回首三十多年走过的路程，承载着太多的爱与责任。对于教师这一行业，始终有一种热爱和忠于职守的情愫和情感牵绊着我，伴随我走过了32个春秋，依然初心不改。

三十多年间，我从小学附属园的一位教师走上园长岗位，然后担任区教育局学前办主任，又从学前办主任走上了区实验幼儿园园长的岗位。从一线教师到行政管理，又从行政管理回到一线教学，工作的改变，让我从不同的视角审视学前教育，也经历了学前教育的历史变革，见证了学前教育三十多年跨越发展的奋进之路。想着把这些年的工作经验和心路历程整理一下，总结自己的教育心得和管理理念，既是对自己教育生涯的一个回顾，也是对自我的一种反思。

1992年，我从枣庄师范学校幼师专业毕业，被分配到台儿庄区实验小学附属幼儿园工作，怀着对学前教育的痴爱与梦想，成为一位幼儿教师。当时的学校附属幼儿园办园条件极其简陋，几间瓦房破旧不堪，玩教具寥寥无几，班额超大，每个班级八九十名甚至上百名幼儿。教师大部分是小学部面临退休的老教师，根本不具备办园条件，所谓的幼儿园就是学前班。理想与现实似乎开了个玩笑，三年的幼师专业知识在这里好像用不上了，这一切让我有些心灰意冷，曾经想到过改行。纠结徘徊之后，凭着对学前教育的痴爱，还是选择了坚守，从教师干到了园长。

2005年，学校安排我担任台儿庄区实验小学附属幼儿园园长，想到幼儿园这种状况，我感觉要想把幼儿园工作做好，难度相当大。于是，我向学校提出了三个条件：一是取消大班额；二是不得再让幼儿考试；三是不能再把幼儿园优秀的教师抽调到小学去，更不能把小学的“老弱病残”安排到幼儿园。这三个条件如果学校可以满足，那我就干这个园长。时任校长是李居涛校长，李校长当即承诺都可以做到。于是，为了提高保教质量，我积极争取各方支持，认真钻研业务，不断改善办园条件，规范办园行为。首先取消了测试行为，并将幼儿园规模扩大，班额缩小，从最初的3个班级扩大到4个，再到8个。其间，我把自己所学专业知识手把手地教给同事，引导教师专业成长。面对环境差、设备少的局面，我带领教师粉刷墙壁，优化美化环境；玩教具不足，我就带着教师们利用课余时间自己动手制作；资金不足，我苦口婆心地向学校和上级争取支持，添置大型玩具等。经过努力，幼儿园被认定为市级二类幼儿园。2011年，枣庄市三十九中迁建，将一座教学楼移交给实验小学使用，学校对教学楼进行了改造，幼儿园终于从低矮的瓦房搬到了楼房，也发展到了11个班级的规模。2014年，在闫浅社区新建了实验小学附属幼儿园，2016年投入使用，并成功被认定为市级一类幼儿园。

2012年，我担任台儿庄区教育局学前办主任。当时，全区学前教育由于基础差、底子薄，在全市长期处于被动落后地位。区实验幼儿园占地不足10亩，教学楼及设施设备陈旧，根本不能满足需求。6所镇（街）中心幼儿园，其中3所因政府无力举办，交由个人承包；1所因古城重建被拆，却迟迟未予新建；其余2所也是狭小陈旧，办园条件很差。民办园及小学附属园的办园行为极不规范，“小学化倾向”极其严重。

面对全区学前教育的现状，我积极当好领导的参谋和助手，开着私家车，跑遍全区城乡120多所公办、民办幼儿园，调查摸底，掌握第一手资料，撰写扎实可行的调研报告2万余字，为区委、区政府和区教育局加快学前教育发展提供可资借鉴的决策依据。区委、区政府迅速出台《关于加快镇（街）中心幼儿园建设的通知》《关于进一步明确责任整合资源加快推进学前教育三年行动计划的通知》《关于印发〈台儿庄区新建住宅小区配套幼儿园建设与管理使用办法〉的通知》《台儿庄区幼儿教师专业发展三年规划》等系列文件。 在第一期三年行动计划中，全区投资3241.98万元，新建公办幼儿园9所，改扩建17所，圆满完成了任务，并代表枣庄市参加山东省第二期学前教育三年行动计划的启动仪式。

在一期、二期三年行动计划基础上，台儿庄区乘势而上，补短板，强弱项，至2018年，累计面向社会招考、转岗幼儿教师75人，累计投入近2亿元，完成区实验幼儿园的整体搬迁及省级示范园复评，新建镇（街）中心园5所，小区配套园19所，贫困村幼儿园16所，改扩建小学附属园32所，扶持民办园30余所，构建了区、镇、村（居）学前教育公共服务网络。2016年，5所镇（街）中心幼儿园创建省级示范性幼儿园，3所小区配套幼儿园建成后无偿交给教育局使用，并作为典型经验在全市推广，台儿庄区的学前教育实现了“弯道超车”，从全市倒数跃居全市前列。

纵观我国学前教育的发展脉络，课程改革在曲折探索中不断前行，但始终坚持正确理念引领，遵循儿童身心发展特点和规律。由分科教学到综合教学，从幼儿的被动学习到主动学习，进而走向深度学习。《3—6岁儿童学习与发展指南》（以下简称《指南》）和《幼儿园教育指导纲要（试行）》（以下简称《纲要》）强调尊重幼儿身心发展规律和学习特点，坚持以游戏为基本活动，保教并重，养成良好的品德与行为习惯，锻炼幼儿健康的体魄，激发幼儿探究兴趣，培养积极的交往与合作能力，促进幼儿身心全面和谐发展。为提高保教质量，每年寒暑假，我坚持开展教师业务培训、家长培训等活动，认真组织教师学习《纲要》，汇编《指南》宣传手册2万余册，发放到全区幼儿园和每位家长手中，大力宣传《指南》精神，转变教师和家长的教育理念，保教质量显著提升。

2018年，教育部办公厅印发《关于开展幼儿园“小学化”专项治理工作的通知》。面对学前教育改革的大潮，针对当时学前教育违背规律、急功近利，尤其“小学化”倾向严重这一现象，我大胆改革，重新梳理了办园理念，明确提出“尊重规律，生态发展”的办园理念。以“让每一个孩子都能享有快乐的童年”为培养目标，认真落实《纲要》和《指南》精神，积极构建富有地方特色的“生态课堂”。在生态环境创设、园本课程研究和实践等方面取得重大进展。

以传统节日课程为载体，弘扬优秀传统文化。中华优秀传统文化是中华民族的精神命脉，校园是传承发展中华优秀传统文化的重要载体。我带领教师将传统文化融入幼儿园、融入教育教学中。利用台儿庄大战故地、运河古城等文化底蕴深厚的优势，主持创设了体现江北水乡、运河古城特色的园所文化，充分挖掘地方传统文化和民间游戏，将传统文化、地方文化、生活教育融入教育教学中，构建生态多元的课程体系。同时，结合春节、端午节、重阳节等传统节日以及二十四节气，充分挖掘传统节日和二十四节气中蕴含的文化价值，并结合绘本教学，促进幼儿情感态度价值观和社会化的发展，让中华优秀传统文化植根在幼儿心中。

以游戏为基本活动，促进幼儿自主发展。随着幼儿园课程改革的逐步深入，游戏作为教育的手段与资源在幼儿园课程建设过程中发挥了重要作用。我积极筹集资金，为幼儿打造生态自然的游戏环境，带领教师充分挖掘民间游戏资源，并作为园本课程来实施，收集整理了5大类70余种民间游戏玩法。在整个游戏过程中，充分尊重幼儿的想法，引导幼儿自主游戏，创新民间游戏玩法，使传统游戏与现代游戏有机结合，更好地促进幼儿的身心健康发展。有力推动了传统文化的传承与发扬，激发了幼儿尊重和热爱家乡、热爱本土文化的情感，也促进了幼儿的社会化发展。

立足生活课程，促进幼儿生命成长。随着幼教改革的不断深入，幼儿园的教育模式在悄然发生变化，游戏教育理念已渗透到幼儿园教育课程中。“幼儿园一日生活皆课程”，幼儿教育是回归生活化的教育。最好的教育就是“从生活中学习”“从实践中学习”。以幼儿为中心，以生活为资源的园本课程，为实现生活教育提供了可能。为此，以自主取餐、种植、养殖、小小厨师等生活课程为抓手，引导幼儿亲身经历和直接感知，促进幼儿自主学习。

不断的探索换来硕果飘香，近年来，台儿庄区实验幼儿园先后荣获“全国幼儿健康体育特色园”“全国足球特色幼儿园”“全国家庭教育实验园”“省级游戏实验园”“省级示范食堂”“市级健康学校”“市级示范家长学校”“区级先进集体”“生态幼儿园”等荣誉称号。

学前教育关系儿童健康成长，关系乡村社会稳定发展。“努力让每个孩子都能享有公平而有质量的教育”，是以习近平同志为核心的党中央提出的“以人民为中心”发展思想的生动体现。党和政府高度重视农村学前教育，国家进行了大量投资和建设，学前教育发展迅速、成效显著，但是城乡学前教育质量差距仍然很大。2017年，党的十九大报告首次提出要实施乡村振兴战略。2018年11月，《中共中央国务院关于学前教育深化改革规范发展的若干意见》指出：“大力发展农村学前教育，每个乡镇原则上至少办好一所公办中心园，大村独立建园或设分园，小村联合办园，人口分散地区根据实际情况可举办流动幼儿园、季节班等，配备专职巡回指导教师，完善县乡村三级学前教育公共服务网络。”因此，大力发展乡村学前教育，让学前儿童尤其是农村儿童享有优质教育，既是儿童家庭的期望，也是乡村发展的希望。作为一位省级示范幼儿园、区龙头园的园长，我一直把带动和示范作为应尽的社会责任。在深化幼儿园内涵发展、积极推广教科研成果的基础上，始终以开放的姿态与幼教同行研讨学习、分享经验。同时，长期开展中层干部及骨干教师下乡支教、送课下乡、教学观摩、研讨等活动。多次参与指导省、市、区级幼儿园认定评估工作；积极为省内外幼教同行提供交流学习的平台；多次承办各级幼儿园观摩、中小学幼儿园食堂现场会、安全管理现场会等活动；与运河街道中心幼儿园、马兰屯镇彼得潘幼儿园等4所幼儿园结成联盟园；与涧头集镇中心幼儿园等5所幼儿园结成“联研共同体”，并多次为省市区园长、骨干教师、教育后备干部培养人选等做培训讲座，有力推动了区域学前教育的优质均衡发展。

做幼儿教育，干的时间越长心里越害怕，胆子越小。只有把各项工作做细、做实，用心、用情、用爱，认真做好每一件事情，才能让自己安心、让家长放心、让孩子开心。为此，我将一些实践经验整理出来，以期与各位幼教同行共勉，力争为学前教育事业再创佳绩。

沙秀芝
2024年4月

第一篇　管理篇

第二篇　家园共育篇

第三篇　教育理论篇

第四篇　教学实践篇

第一篇
管理篇
阅读

做最好的自己

道格拉斯·玛拉赫说："如果你不能成为大道，那就当一条小路；如果你不能成为太阳，那就当一颗星星。决定成败的不是你尺寸的大小——而在做一个最了解的你。"基于此，我以"做最好的自己"为园训，以此激励自己和教师、孩子们共同成长。

为推进园所持续创新发展，以党建为引领，创建"不忘初心，倾情幼教"的党建品牌，我制订了师资队伍建设发展规划，以培育"百花争艳、和谐共融"的生态人际环境为目标，围绕"1+X+N"培养模式，积极为教师搭建自我展示、自我挑战、自我加压、主动发展的平台，不断提高保教队伍内生动力，驱动教师梯次成长，实现从"一枝独秀"到"花开满园"的全面发展。

一、明确目标导向，激发教师前行动力

引导教师根据自身发展愿景，制定个人发展目标，使每一位教师都清楚自己的优势和不足，在未来一年、三年或五年内要达成什么样的目标，使教师们人人心中有理想，脚下有方向，从而努力成长为最好的自己。

二、创新管理机制，激发和谐团队活力

不断完善各项规章制度，坚持制度管理人本化。建立健全《教师管理制度》等规章制度，在以制度管理的同时，给予教师充分的尊重和信任，做到民主管理、宽严有度。应该提倡每一位教师都是幼儿园发展的管理者和参与者，都有权利陈述自己的意见和建议，从而帮助教师树立主人翁意识，激发教师关

心集体的责任感，从而打造和谐团队。

三、搭建成长平台，打造专业教师队伍

我坚持研修学习，在不断提高自身业务素养和管理水平的同时，积极引领教师专业发展。

1. 加强中层干部专业化水平建设

打铁还需自身硬，我带领中层干部带头学理论、提技能，积极参加各种研修、培训，坚持不离教学一线，主动兼课并执教示范课。做到能培训、能指导、能示范，真正成为教师专业发展的引领者。

2. 加强教师专业化水平建设

以课题研究为抓手，培养教师业务能力，让每一位教师成为研究型教师。在园本教研工作开展过程中，我们以主题活动为载体，从教师实践需求出发，采用多种方式，营造开放、轻松的研究氛围，激发教师的教研兴趣和主动性。通过实践反思、合作共享、专业引领，不断丰富理论知识，提高科研能力，促进教师教育理念向教育行为的真正内化，从而使教师队伍逐步向学习型、研究型、专家型教师目标迈进，让每一位教师都成为更好的自己。

师者仁心，做有爱的管理者

“爱是教育的灵魂，没有爱就没有教育。”我坚信爱是可以传递的：只有园长爱教师，教师才会爱孩子。倡导“让爱洒满校园，便是教育最美的样子”的管理理念，通过师德培训、节日庆典、评先树优、寻找“最美教师”等活动，传播正能量，增强团队凝聚力，让爱在传递中不断升华。

一、关心教师，让教师时刻体验爱的温暖

我始终视教师为自己的家人、亲人，想他们所想，急他们所急，关心关爱每一位教师，倾力为他们解决生活中遇到的困难。教师子女小学放学后无人照看，我专门腾出一间屋子，改造成适宜孩子学习的地方，摆上桌椅，放置一些图书，对教师子女集中管理，孩子们放学后做完作业，还可以安静地读课外书，解决了教师们的后顾之忧，让教师们安心工作。一位教师的爱人得了脑瘤20余年，做了两次手术，常年服药，2018年6月，又患上直肠癌，让这个已经负债累累的家庭雪上加霜！我率先垂范，带领全园教师为其捐款近3万元，并多次去探望，帮助其解决在工作和生活上的困难。

二、心系幼儿，让每一个孩子沐浴在爱的阳光下

孩子离开父母的怀抱，人生第一次踏入集体生活，这是一个非常关键的时期，需要教师付出更多的关爱，除了要有师爱，还要有母爱，以减少孩子的分离焦虑，帮助其尽快适应幼儿园生活。每年新生入园，我都会留意每个孩子的家庭状况，关心孩子的健康成长。琦琦小朋友是一个单亲家庭的孩子，父亲因

车祸去世了，爷爷奶奶年事已高，还有两个哥哥姐姐，沉重的家庭负担全部压到了妈妈的肩上。了解到这一情况后，我立即组织领导班子成员开会研究，免去孩子三年的保教费和生活费，而且经常为孩子送去学习用品、衣服等物品，减轻了琦琦家庭的负担，孩子在幼儿园也健康快乐地成长着。

邵子辰小朋友，父亲去世，母亲离家出走，小子辰跟随年迈的爷爷奶奶生活。初入小班，当我们初步了解到孩子的家庭情况时，决定要深入了解一下孩子的家庭情况。在对孩子进行了家访、了解孩子的家庭困难之后，我依据资助条件为孩子申请了资助，不仅免收了孩子的保教费，还经常关心孩子的衣食住行，和教师一起给予孩子更充足的关爱，尽最大努力弥补孩子爱的缺失，并经常和孩子家长交流，了解孩子的情况。同时，我们和孩子的爷爷奶奶之间也建立了深厚的友谊，孩子的爷爷奶奶非常感激。端午节，孩子的奶奶包了粽子，拿着热腾腾的粽子送到幼儿园。院子里种了丝瓜，孩子的爷爷拿着刚摘的丝瓜送到幼儿园门口，让保安转交给我，看着新鲜的三根丝瓜，我被家长纯朴的感情深深感动着！这不仅仅是几个粽子、几根丝瓜，这是一份浓浓的家园之情！是对我们家园工作最好的认可和鼓励。

3年时间，小子辰生活得也非常快乐。但是，天有不测风云，小子辰升入大班时，孩子的奶奶突发疾病去世了，让这个本就困难的家庭更是雪上加霜，70多岁的子辰爷爷突然失去了精神支柱，身体更是每况愈下。我们立即到孩子的家里去慰问，并了解到孩子的妈妈回来吊唁了。在多次的交流和沟通下，孩子妈妈终于同意留下来照顾小子辰和爷爷，这是一件极好的令人欣慰的事情。很快，我们看到了孩子的变化，从以前的不爱说变得爱说了，从以前的不爱笑变得爱笑了，孩子活泼了许多，至此，也终于了却了我们的一个心结。爷爷奶奶和幼儿园教师们给予的爱永远代替不了父母的爱，也进一步验证了母爱的伟大！

2022年3月，在抗击疫情期间，中六班一名小朋友被确诊为无症状感染者，幼儿园形势非常严峻。我带领中层干部在居家隔离的情况下，积极配合疫情防控指挥部做好各类数据统计和调研工作，经常工作到深夜。当听到被集中隔离的孩子和家长面临生活上的困难时，我一面积极向上级反映，为大家争取改善生活条件；一面悄悄自费6000余元购买了牛奶、点心和生活用品，送到隔离点，并附上一封信，鼓励孩子及家长积极配合防疫工作，家长和孩子们纷纷表示深受鼓舞，一定积极配合做好防疫工作。爱就像一团火焰，温暖着每个职工和孩子，让大家感受到幼儿园大家庭是相亲相爱的一家人。

知人善用

老子说“知人者智”。知人善任，“知人”是“善任”的前提。“知人”才能善于“任”，不“知人”就不能“善任”。作为园长，一定要知人善任，人尽其才。不了解教职工，就不能有针对性地安排工作。

在我刚到幼儿园工作没多久，一位男教师走进我的办公室，很难为情地说：“园长，我想借调出去，这里的工作我适应不了。”原来，这位教师当初是作为美术专业教师招考进来的，之后，便被前任园长安排进班做了专任教师。由于他不是学前教育专业，对于孩子的年龄特点、学习兴趣、游戏生活等需求一无所知，在一年的工作中，工作干得一塌糊涂，自己感到很失败，因此，提出了要调到小学去工作。

接下来的日子，我对这位男教师多了些关注和关心，经常到他班级去了解他的情况，发现他因为不了解学前教育，不懂孩子，工作起来确实很吃力。如何才能充分发挥他的长处，调动他的积极性，帮他树立自信呢？正所谓“学有专长”，经过研究之后，我决定让他去美术室，干他的专业，应该会做得不错。

一个学期过去了，其间，保教处的园长、主任也经常对他做指导，但美术室活动开展得依然收效甚微。两个学期过去了，我再次对他进行了调整、指导，最终发现，他的确不是一个当教师的料！因为美术室依然要面对孩子上课，他毫无责任心，不懂也不认真学！听了一节他的课，我发现他居然根本没备课，随心所欲地上了节课！而且还一副我行我素的态度，如此这般，真的是烂泥扶不上墙！为此，让我很伤脑筋！

偶然一次，财务室需要做一个平台，考虑他在美术室不怎么忙，又是个年轻男教师，计算机使用应该没有问题，于是就安排他暂时去财务室帮忙做做平台。结果发现，他对此还比较擅长。但财务工作是一项非常关键的工作，交给他能放心吗？了解了一下他的家庭情况，家里有2个姐姐，他的父亲为了要他这个男孩曾经受处分，因此在家中很娇惯。经过一段时间的考察，又给他做了思想工作，然后把他调到财务室，他工作积极主动，一直干得很不错。

幼儿园的教育教学工作主要是靠教职工完成的。作为园长，应当以调动人的积极性、发掘人的潜力为根本。既不可小材大用，也不可大材小用，更不可无才乱用。要着眼于教职工个人的专长和特点，使之有用武之地。“骏马能历险，犁田不如牛；坚车能载重，渡河不如舟。”用人贵在用其长、避其短，这样才能获取最大的效益。

作为园长，首先要了解各种类型的教师的不同需要，根据不同的需要，采取不同的方法调动他们的积极性。对于积极向上型，其表现为积极主动，上进心强。我采取的主要方法是大胆使用、创造机会、委以重任，让其独当一面。对于尽职尽责型，其表现是恪尽职守，认真完成本职工作，但不会主动完成分外的事。我就采取压担子、派任务的方法，激发他们的工作热情和主动性。对于经验丰富型、天真活泼型等，每种类型各有利弊，我将他们优劣互补，形成合力。

总之，教职工的积极性是无限的，智慧是无穷的。作为园长，要想尽一切办法把教职工的积极性调动起来，把智慧挖掘出来，把力量聚集起来，做到人尽其才，物尽其用，才能保障幼儿园优质高效运转。

冷静、理性应对突发事件

2022年3月11日晚上，保健主任突然来电，说11日早上，中四班一个小朋友家长在班级群里请假，说孩子发烧、呕吐。紧接着又有几位幼儿家长也在群里说孩子有类似症状，保健主任觉得园长太忙，便让家长自行处理。但到了晚上，又有几位幼儿家长反映孩子也有这种症状，她察觉事态严重，这才想起来汇报此事。

其实我在听保健主任汇报事情的过程中，心中已经在埋怨她没有及时汇报。但我一直在提醒自己：保持冷静，分析了解事态的前因和不可知的后果，然后再做决定。

于是，当她汇报完又做了自我检讨时，我尽量保持心平气和地说："你的确应该早汇报，从早上一直到晚上，现在才说，如果真有不良后果，我们都担不起，以后要引以为戒，遇到事情要多请示、多汇报，不能擅自做主。"保健主任再次表示以后的确应该注意。然后我打电话向班主任详细了解了具体情况，又向医院大夫咨询相关事宜……最后做出决定：

一是安排班级教师第二天将班级幼儿转移到备用教室，原教室彻底进行消毒、通风；

二是暗示其他幼儿家长给孩子做好预防工作，根据医生的提示，巧妙提示家长可以适当用一些板蓝根、蒲地蓝预防；

三是安排教师做好家长情绪安抚工作，注意在群里言辞要恰当，及时关注舆情；

四是及时关注动态，做好向上级请示汇报的准备。

3月12日早上一上班，立即安排做好预防安置工作：一是召开园务会，通报此事并安排做好安置班级幼儿的相关准备工作；二是立即向教体局汇报；三是9点召开各班班主任会议，了解各班孩子状况，要求各班级做好通风、消毒和舆情管控工作；四是安排中四班教师对于缺勤幼儿做好因病缺勤追踪，密切关注幼儿状况，并对全班幼儿情况做好统计；五是再次发放《关于春季传染病预防致家长的一封信》，提醒家长做好预防工作。

经过再次确认、了解，这种现象属于病毒性感冒，截至12日中午，多数家长反馈幼儿已经好转，并无大碍。

幼儿园发生病毒性感冒之类的传染性疾病，在所难免。但当出现这种状况之后，幼儿园的处理方式和态度对事件的发展是至关重要的。通过此事，我深刻反思工作中的不足，并引以为戒。

（1）明确各岗位人员职责，检查并督促各班和各部门的清洁、消毒、晨检以及宣传教育工作。

（2）在发生疫情时，做好隔离、上报、彻底消毒、跟踪等防控工作，防止疫情的进一步发展。

（3）加强对全园教职工、家长、幼儿的宣传和教育工作，如发放《关于春季传染病预防致家长的一封信》，宣传此类传染病的特征和预防方法，做到思想上重视、行动上共同落实预防措施，防患于未然。

（4）切断传播途径，当班教师马上隔离该幼儿，并通知家长带孩子去正规医院进行诊治，并跟踪病情。

（5）一旦确诊为某种传染性疾病时，当班班主任应马上报告领导小组。

（6）做好舆情管控工作，做好家长、教师的情绪安抚，以免扩大事态，造成不良影响。

（7）当教师犯错误时，要注意给教师“留面子”，这样既让教师容易接受，主动深刻反思，弥补过失，又可以激励教师提高工作的积极性。

沟通是解决问题的有效手段

沟通是一种能力，也是一门艺术。在现实生活和工作中，我们都需要与亲朋好友、同事、合作伙伴、上级领导部门等做好沟通。建立良好的人际关系，才能使我们的生活和工作顺利。特别是当我们遇到一些问题的时候，沟通是解决问题的有效手段。

一、做好沟通协调，争取外力资源支持

作为园长，应该定期与上级领导部门进行沟通，汇报幼儿园的工作，及时反映问题，以便得到领导的支持。

2020年的疫情，对我国传统行业产生了许多影响。不仅给人们带来了身体健康的影响，对全球经济也是一次极大的冲击。工厂关闭、学校放假、服务业全部关停……给人们的经济和生活带来了极大的影响。

作为一所承担着80余人工资的幼儿园来说，无疑是一次致命的重创。半年不能开学，就意味着半年没有经济收入，但教师的工资得照发！虽然临时教师的工资不高，但也是教师们最基本的生活保障。作为园长，我心急如焚，夜不能寐！特别是听到一些教师因为生活所迫，不得不带着孩子回娘家啃老，我更是深深自责！

多次向上级主管部门汇报、申请，但由于经费紧张，教育局也无能为力。我鼓起勇气，走进了财政局的大门。财政局领导听了我的汇报后，又详细关心了解了园里的其他情况，第二天就拨付了20余万元资金，我们凑了凑，补发了教师们3个月的工资。

转眼间，到了6月，我们还没有开学，又拖欠教师们3个月工资了！我再次与教育局和财政局领导沟通、汇报，财政局又拨付了20万元，再一次帮我们解决了困难。

二、做好内部沟通，争取教师的理解和支持

拖欠了教师们半年的工资，其间没有任何教师去信访，也没有教师找我要过工资。这是教师们了解幼儿园的难处，也是一种对幼儿园的信赖。

6月8日，我们终于开学了！虽然拖欠工资，但教师们依然激情满满，认真努力地工作着。半年来，虽然没有开学，但我通过多种方式了解关心教师们的生活，及时向他们传递新的动态，让大家及时了解幼儿园和疫情现状，争取教师们的理解和支持。当他们听说我为了工资四处奔波时，纷纷表示：园长太不容易了！就这样，我们在艰难时刻，通过沟通、交流，争取理解和支持，共同度过了最艰难的时刻，终于迎来了光明！

由此，我对沟通的重要性有了更深刻的认识：沟通是幼儿园管理中解决一切矛盾和纠纷的重要途径，善于协调和沟通是一位园长的必备素质。沟通，使思想一致、产生共识，减少摩擦与意见分歧；沟通，能疏导教师情绪、消除心理困扰，增进与教师的彼此了解，改善人际关系，增强团队凝聚力。

同时，我也深刻反思自己，在工作中，要及时向上级部门汇报，沟通幼儿园工作，及早反映问题，争取上级领导部门的支持。而且要提高自身沟通能力，充分挖掘一切可用资源，为园所用，从而保证幼儿园各项工作的有序开展、高效运转。

榜样的力量

人们常说："一个好校长就是一所好学校。"园长是幼儿园管理工作的核心，是幼儿园的灵魂。身为园长应严于律己，率先垂范，做一个制度执行的忠实示范者、忠实履行者。如果一个领头人工作散漫，自己光说不干，那么又如何要求你的教职工做到呢？

幼儿园规章制度的贯彻执行，离不开榜样的示范，最好的榜样，就是园长。孔子说："其身正，不令而行；其身不正，虽令不从。"因此，园长要言行一致，俗话说："喊破嗓子，不如做个样子。"园长带头执行，做事合理、合情、合法，宽容大度，凝聚了人心，同时也使每位教师成为制度的自觉执行者。

幼儿园签到改成了指纹考勤，很多教师不适应，因为这样他们就少了替签、代签的机会。因此，很多教师对此非常不满。为了让教师们接受这次改革，我第一个去输入了指纹，并且每天坚持按时签到、签退。即使外出学习和开会，我也会去办公室备个案。很多人说，"你是园长，那么认真干吗？每天那么多工作要忙，你不签到不是很正常吗？"我说："再忙，也应该带头遵守规章制度，这样才有管理人的资本，也是给大家做个好的榜样！"

很快，大家就接受了这次改革，并且坚持按时签到、签退，偶尔一次迟到也能够接受考勤处理。这就是榜样的力量。

做好教师的情感管理

幼儿园是一个女性群体聚集的地方，心思细腻，甚至有些教师偏执、爱钻牛角尖，如果不处理好，很容易引发矛盾，影响工作。

担任园长以来，我深深地体会到：作为园长，要管理好幼儿园，使幼儿园和谐发展，除了建立完善的规章制度、形成良性的运营机制之外，还需要做好教师的情感管理。

2019年，园里一位教师，干了十年的财务工作，突然提出换岗。她多次提出并写了申请报告，但因财务事关重要，一时找不到合适的人接手，就拖延了一段时间。结果，这位教师在一天晚上9点多，给我打电话说："园长，我现在就在高铁站，听着在我耳边呼啸而过的高铁，有种想跳下去的感觉。您哪怕让我打扫厕所都行，只要能给我换个岗位。"我听了，先是安慰了一番她的情绪，劝她赶快回家，然后说，第二天会认真考虑。第二天，我找到她，认真和她谈心交流，了解真正的原因。原来是因为自己不会沟通，在报账时与教体局结算中心的领导闹了不愉快，便执意要换岗。再三挽留之后无果，便同意给她调整了工作。

之后，发现她比较消沉，而且也多次听到她的不满：自己就是领导的"眼中钉"，是我不让她再干财务工作的！不想活了等。我当时的确很生气，但转而一想，是不是有其他原因呢？于是，在一个周末，我给她发了一条信息："最近是不是有什么心事？还是身体不舒服？看你好像不太开心？"她给我回复："没事的园长，谢谢您的关心。孩子马上要高考了，我可能有些焦虑。"我以过来人的经验和她聊了聊如何应对孩子的高考，劝她要做孩子的榜样，不能让孩子有心理压力……又过了几天，我装作没事一样到她的办公室，专门和她聊聊家常，聊聊孩子的学习。她终于露出了笑脸，不再低沉。

通过此事，我深刻反思自己：作为园长，在管理好幼儿园的同时，还应该关心员工，关心员工的情感需求和家庭生活，必须把员工放在中心位置，让大家感受到大家庭的温暖，才能真正融入幼儿园，从而使幼儿园形成团结向上、和谐协作的氛围，才能使幼儿园健康、有序、和谐发展。

做一位有教育情怀的幼儿教师

一个人遇见了好教师是人生的幸运，一个学校遇见了好教师是学校的光荣。苏霍姆林斯基曾说：“教师无意间的一句话，可能造就一个天才，也可能毁灭一个天才。”教师是神圣的职业，教师对学生的影响有时远远超乎你的想象！教师，肩负着教书育人的使命，这不仅仅是一份工作、一种职业，它是需要全身心投入、不断奉献自我的事业。因此，良好的师德修养是一位教师应该具备的最基本的要求。做一位师德高尚、有教育情怀的幼儿教师，首先要必备的五个要素：热爱、心态、专业、自律、和谐。

一、热爱

教育的最高境界是爱，教师要做“四有”好老师——有理想信念、有道德情操、有扎实学识、有仁爱之心。著名当代教育家李镇西说过，当好教师最基本的条件是拥有一颗爱孩子的心！我们应该把“爱心”“耐心”“责任心”作为师德师风建设的重要标准。

爱心，海纳百川；责任，重如泰山。如果说爱是教育成功的基础，那么责任是教育成功的保证。有人说，选对环境，快乐一生；选对伴侣，幸福一生；选对教师，智慧一生。我们的教师们为孩子尽心尽责，像妈妈一样呵护着每一名孩子；我们的很多教师有爱心、有责任、有担当，这都是我们爱岗负责的体现。

人民教师无上光荣，每个教师都要珍惜这份光荣，爱惜这份职业，严格要求自己，不断完善自己。做教师就要执着于教书育人，有热爱教育的定力、淡泊名利的坚守。教师这一职业不仅仅是谋生的手段，还是一份事业，更是自己人生价值的一种体现。既然我们选择了教师这一职业，就应该热爱这份职业，热爱幼儿园，热爱孩子。

二、心态

教师们要有良好的心态，变苦为乐，体现自身的价值，要提高自己的幸福指数。幸福是个人的体验，与金钱和地位没有关系，你腰缠万贯不一定幸福，而在于你的心态、在于你怎样与周围的人相处。首先，多帮助人，多一些爱给别人，做一个有温度的人，能温暖他人的人。帮人就是帮己，在帮助别人的时候也温暖了自己，在成就他人的同时也成就了自己。其次，要知足，不攀比，珍惜当下，努力做最好的自己，谁也不知道明天和意外哪个先到。施人以爱，赐人以福，看人长处，帮人难处，记人好处，自己精神上也感到愉悦。

不抱怨，少计较，多付出。你若能做到这三点，做人的格局就会越来越大，你的人生就有了宽度和广度，就有了幸福感。格局决定结局，格局不是天生的，是后天修炼的。如果你每天一味地抱怨，牢骚满腹，唉声叹气，负能量满满，那么你一定不会幸福。叹气，气往下走，整个人的状态是往下的，你的精神状态会好吗？抱怨来、抱怨去，把你的运气都抱怨没了。

再如，有些人子女不争气，学习成绩不好，就整天担忧；工作上不顺心，遇到一些挫折，就有种怀才不遇的想法，牢骚满腹，怨声载道。如此唉声叹气，不如换一种心态，把这当成人生中的一种经历，坦然面对生活中的困难和不如意。生气不如争气，抱怨不如改变，要有一个积极向上的心态，一定要善待自己，相信自己，爱护自己！换个心情，换个活法，周末逛逛街，买件新衣服，换个新发型，周一来了看看谁最自信、谁最漂亮？

三、专业

打铁还需自身硬，作为教师，一定要有扎实的学识，要善于学习，学习业务知识、学习管理经验。宁静而致远，静下心来，思考自己的愿景是什么，目标是什么，怎样去实现，而不是手机不离手，吃玩不离口。读书和学习能改变一个人的气质，让一个人由内而外的美。人有了过硬的本领，才能被人尊重，才有存在感，才有真正的幸福。无论你在哪个岗位，干好本职工作，只要在你的领域里，有所成就，就是成功。

四、自律

自律是成就一个人的关键，自己约束自己。有些教师业务非常好，但就不注意严格要求自己，这就严重影响了你的人格魅力，影响了你的信誉。要知道监督你的不是园长、主任，而是你身边的同事，你的一言一行都在大家的眼里，遇到一些事情时，同事可能替你顶班，给你打掩护，但是在心里绝对不认可你，评优这一票不会打给你，自己不严格要求自己，别人也绝不会真正尊重你，人心都有一杆秤，每个人的人品、能力怎样，大家都很清楚。

入了教育行，就是教育人，严格要求自己，始终以一位优秀的幼儿教师要求自己，自觉维护教育的形象，自律的人才会成功！

五、和谐

其实做人挺不容易的，我们的角色有很多：为人女、为人妻、为人母等，我们要处理好这些关系，尊老爱幼，生活才幸福，幸福的家庭是工作的动力。

要有一个温暖而幸福的家。“家是最小国，国是千万家。”在家一定要孝顺父母公婆，团结兄弟姐妹，提高幸福指数。心胸要开阔，看重亲情，人际关系好了，处处感到温暖幸福。否则整天生闷气，自己惩罚自己。“不蒸馒头争口气”这句话，其实并不好，争来争去，啥都带不走，气一身病自己受，人很少有累死的，百病因气起。

幼儿园就是一个大家庭，需要我们大家共同维护，才能有一个和谐美好、积极向上的氛围。要处理好与同事的关系，多为他人着想，要尽最大的努力去帮助身边的人，赠人玫瑰，手留余香，帮人就是帮己。特别在工作中，要学会合作，低调做人，高调做事，善于取人之长，多向老教师、有经验的教师请教。别人有困难时，说一句暖心的话，身边的人谁好了，我们都由衷地高兴。同事之间有时有竞争，人与人的年龄不同、需求不同、水平素质不同、责任心不同，没必要干涉别人，只要尽心尽力，做最好的自己。学会放下，做一个累并快乐着的幸福教师。

人生，其实就是一个锻炼的过程，何不用一个积极向上的心态面对生活，莫辜负了这大好年华。努力做好现在，认真对待当下，才是最真实的人生态度。让我们共同努力，只为遇见更好的自己。

爱孩子，更要懂孩子

午睡时间，我刚走到中五班门口，便听到一名孩子在哭。赶紧走到休息室一看，原来是崔正浩小朋友。只见他用双手紧紧地抓着裤子，昂着头、闭着眼大哭，而小于老师正双手抓着他的裤子要往下扒。由于崔正浩的哭闹，其他孩子都在看热闹，都没有睡午觉。

原来是崔正浩尿裤子了，小于教师正准备给他换裤子。我蹲下来抱住崔正浩，轻声问他："是不是不好意思在这里换裤子？"他赶紧使劲点了点头。于是我一手抱着他，一手拿着干净的裤子，走到另一个没人的地方，帮他换裤子。这时崔正浩已经不再哭了，乖乖地配合换裤子，然后回到休息室继续午睡。

对于崔正浩，我之前对他的情况已经有些了解。他是刚刚转进来的插班生，自从入班以来，教师反映他经常调皮，总是做出和其他小朋友不一样的举动。例如，排队时他总是跑到最后，或蹲在地上，或趴在地上……上课时经常发出奇怪的叫声，每天哭闹着不想上幼儿园……是个非常令人头疼的孩子！

我召集中五班的教师们针对崔正浩开展研讨，分析孩子有这些表现的原因在哪里？我首先提出了几个问题：一是崔正浩是刚刚插班进入这个班级，是不是还没有融入这个集体中来，导致他感到孤单？二是崔正浩之所以总是做出与其他幼儿不一样的事情，是否想引起教师们的关注？教师是否对于刚刚来到这个集体的孩子给予更多的关心和关爱？三是教师们是否认真观察了解这个孩子的内心世界？是否真正能够读懂孩子的需求？

围绕这三个问题，我们展开了研讨，最后达成共识。

三位教师纷纷表示，今后对崔正浩小朋友给予更多的关心、关爱，尊重孩子的想法，接纳他的不足，使他尽快融入中五班这个大家庭。

之后的日子里，渐渐地，崔正浩每天都高高兴兴地来幼儿园，脸上洋溢着开心的笑容，见到教师主动问好，和小朋友相处得非常愉快。每当我走到中五班，他都会热情地扬起小手跟我打招呼："嗨！"有时还愉快地跟我击掌。

教育家夏丏尊先生说："教育之没有情感，没有爱，如同池塘没有水一样。没有水，就不成其池塘，没有爱就没有教育。"爱是教育的灵魂，没有爱就没有教育。爱是一种艺术，是一种能力，教育需要爱。

爱孩子从某种意义上来讲是一种本能，关键是懂孩子。爱孩子，就要懂孩子。作为一位幼儿教师，面对的是3—6岁的孩子，这一阶段的孩子有着特定的发展特点和规律。教师应树立正确的儿童观、教育观，遵循幼儿的认知规律和发展规律，尊重幼儿的天性和个体差异，倾听孩子、接纳孩子、敬畏孩子和读懂孩子，从而促进孩子主动和谐健康发展。

疫情影响下幼儿园工作现状及应对策略

目前，由于受到新冠疫情的影响，我国多地政府采取了延期开学与限制人员聚集的应对策略。从防疫工作的角度来看，这一举措对于人民群众生命安全具有重要的现实意义，然而，从经济发展的角度而言，这种封闭式管理模式在一定程度上对各个行业的经济发展造成了极大的冲击。其中，作为教育教学机构中重要的组成部分之一，幼儿园受到的影响较大，甚至有部分民办幼儿园面临破产倒闭的风险，公办幼儿园也因此受到严重威胁。因此，在这一特殊的时期里，幼儿园应积极做好应对策略的合理制订，从而有效避免幼儿园在这次的疫情影响中发生更大的损失。

一、基于疫情影响下幼儿园发展现状

在当前局势下，幼儿不能入园学习，从而导致幼儿园的经济收入出现断裂问题，进而对幼儿园的生存造成了重大的打击。总体来看，一方面，由于疫情影响，幼儿园不能招收幼儿；另一方面，幼儿园的经营成本却并未因此降低，幼儿园每月需要为幼儿园的存续支付高额的幼儿园场地租金、人员工资费用以及物业管理费用。对此，相关调查显示，多数幼儿园的储备资金仅仅可以支持1—2个月，因此，如果这种情况继续，则会导致多数幼儿园面临倒闭风险，从而对我国幼教事业的发展造成巨大的影响。针对这一问题，幼儿园应积极做好自救工作，推动应对策略的制订与实施，以便合理应对疫情对于幼儿园发展所造成的影响。

二、幼儿园在疫情影响下的应对策略

（一）做好工作思维转变，积极做好开园准备工作

在幼儿园工作问题上，经营者应积极做好经营思维的转变。就目前而言，不能开园是既定的客观事实，这也是国内绝大多数幼儿园所面临的共同问题，因此，幼儿园经营者应积极做好工作思维的转变，有效开展幼儿园自身服务体系的发展与优化。在具体做法上，经营者可以指导教职员工通过这一难得的空闲时期，对以往的教学方法进行合理反思，从而积极做好先进教学理念的学习，以便提升幼儿园教学的综合质量，从而为未来的开园教学工作提供良好的基础与保障，以便在开园后可以凭借良好的教学效果争取更大的市场份额，为自身的发展积蓄力量。

（二）落实教师情绪安抚，有效确保教师队伍完整

在疫情期间，多数幼儿教师往往处于被动“休假”的状态，在此期间，为了有效实现资金的合理节约，幼儿园经营者往往会与教师协商降低薪资的发放数额。研究表明，上述问题的存在，一定程度上不利于教师从业积极性的保障，甚至部分教师会出现消极态度或出现辞职情况。针对这一问题，经营者应积极做好教师情绪的合理安抚，以便有效帮助教师树立战胜困难的信心与勇气，进而实现难关的合理克服。

（三）积极转变经营策略，明确后三个季度的目标

由于受到疫情的影响，多数幼儿园原定的工作计划被彻底打乱，针对这一问题，研究人员指出，幼儿园经营者应积极做好应对策略的有效制订，合理对后三个季度的工作计划与目标进行重新制订，以确保开园后相关工作的顺利开展。同时，通过管理目标与工作计划的制订，可以有效实现幼儿园教育与服务水平的合理提升，从而实现幼儿园在行业中良好形象的建立，推动开园后相关工作的可持续发展与良性循环。

（四）积极做好政策分析，确保福利补贴的有效获取

在经营问题上，资金是所有幼儿园所必须面对的重要问题。对此，研究人员表示，在积极做好控制水电资源使用、合理降低人员开支，以及做好房屋租

金支付延期协商等“节流”工作的同时，幼儿园经营者应合理做好资金渠道的有效开拓，从而真正实现“开源”工作。在此过程中，一方面，幼儿园经营者之间应积极做好交流与联系，从而有效做好发声工作，以便进一步引起政府与相关部门的重视，从而为自身的发展谋求一条全新的道路。同时，幼儿园应积极做好对于相关福利与补贴政策的关注，以便有效实现政府补贴的获取，从而有效实现资金压力的缓解，以保障幼儿园可以顺利度过这一特殊时期。

对于幼儿教育行业而言，在疫情的影响下，全国多数幼儿园都处于“严冬”之中。在发展问题上，由于幼儿不能开学，幼儿园的资金链处于断裂边缘，多数幼儿园仅能通过经营者进行资金垫付维持生存。面对这一趋势，经营者应积极做好态度的转变，摆脱消极情绪的影响，积极寻求破局之法。在日常工作中，幼儿园应未雨绸缪，积极为开园工作做好准备，从而有效推动自身软实力的提升。在具体做法上，幼儿园领导可以组织教师对教学方法与教学内容进行系统的梳理，从而为教学质量的提升奠定基础。同时，经营者应积极做好教职员工情绪的安抚。在资金问题上，为了有效实现成本的合理控制，幼儿园经营者应积极对相关福利政策进行关注与分析，从而有效实现合理补贴资金的获取，以便实现资金压力的合理缓解。

如何做好幼儿园疫情防控工作

这是一个让所有人都猝不及防的新年，一场突如其来的新型冠状病毒性肺炎疫情打破了庚子年春节的平静，时至今日，这场疫情防控阻击战形势依然十分严峻。新冠疫情暴发以来，面对突如其来的疫情，全国上下都在为抗击疫情努力着，那么作为幼儿园，应如何全面打赢这场没有硝烟的疫情防控阻击战呢?

一、建立机构，完善制度

成立疫情防控工作领导小组，明确职责，建立制度，完善措施。制定《突发公共卫生事件应急预案》《开园前后准备工作方案》《关于新冠病毒日常防控方案》《联防联控制度》《传染病疫情及突发公共卫生事件报告制度》《晨、午检制度》等预案和相关制度，做到疫情面前应对从容，忙而不乱。

二、合理安排，全面防控

1. 做好各项防控工作

组织教师认真学习上级文件精神，贯彻落实上级的决策部署，按照依法防控、科学应对、分级负责的原则，认真做好各项防控工作。

2. 教职工确保信息畅通，各项工作及时上报

一是与主管部门建立“日报告”“零报告”联系机制，保证信息畅通。由信息报告人对所有幼儿、教职员工，包括其家属及成员，进行全面细致的排查，深入摸排人员动向，认真统计并及时上报。

对疫情开始后每个人员的旅居史、外出史、体温情况、师幼因病缺勤情况，特别是重点摸排有发热症状或者有疫区接触史的重点人员，建立信息工作台账，做好跟踪记录，加强联防联控，配合当地疾控中心和主管部门严格落实疫情防控措施，发现异常现象要在第一时间（2小时内）报告疾控中心和主管部门，做好幼儿园疫情防控工作，确保全覆盖、无落漏。

二是实行24小时值班制度。幼儿园应强化责任意识，严格落实24小时值班和领导带班制度，并禁止一切外来人员进入幼儿园，为疫情防控做足细之又细的工作。

3. 加强宣传教育，增强防护意识

园内外要通过悬挂宣传横幅、张贴宣传栏和标语、竖立站牌和电子显示屏等形式，广泛宣传疫情防控宣传口号和科普知识，营造良好的幼儿园疫情防控氛围。同时，充分利用微信公众号、班级微信群、《致家长的一封信》等方式宣传疫情防控知识，提高幼儿、教职工及家长对新型冠状病毒防治的正确认识和自我防护能力。

4. 做好消杀和后勤保障工作，确保卫生安全

后勤保障组做好消杀和物资储备工作。

一是对幼儿园室内外环境进行全面清洁消毒，做到日常通风换气，保持室内空气流通。

二是对入园人员必须进行体温检测和双手酒精消毒工作，并认真做好记录。检测流程：①衣物表面消毒（75%酒精）；②测量体温（红外测温仪）；③双手消毒（手消毒凝胶）。

三是加大物资储备工作。按照上级统一部署，幼儿园应积极行动，千方百计做好开园前的准备工作，备好一间隔离观察室和应急隔离室，及时储备充足的物资，如口罩、玻璃体温计、84消毒液、次氯酸钠消毒液、75%医用酒精、消毒片、移动紫外线灯、隔离防护服、护目镜、医用隔离手套、一次性手套，鞋套、洗手液、肥皂、艾条等。

5. 家园携手，抗击疫情

面对突发疫情这一人生大课，为了让孩子们安全、健康、快乐地度过这个“加长版”寒假，幼儿园应积极引导幼儿积极关注、有效预防，让幼儿学会珍惜生命、崇尚科学、敬畏自然！制订活动方案，确定活动内容，争取家长配合，每天以绘本、习惯养成、亲子游戏等多种形式与幼儿及家长开展线上活动，使幼儿轻松、愉快、健康地度过疫情，进而促进幼儿各种能力的发展，培养其积极应对疫情的良好心态。

集团化管理，让教育更均衡

——台儿庄区实验幼教集团实施方案

为进一步提高城区学前教育资源管理效益，扩大优质教育资源覆盖面，缓解师资配置难题，实现优质学前教育资源共享共生，为每个适龄幼儿提供普及普惠、安全优质的学前教育，2023年9月，根据台儿庄区教育和体育局安排，我们整合了城区6所公办幼儿园，成立了台儿庄区实验幼教集团。同时，积极探索多园区科学管理运行策略，实行“一套班子、资源共享、管理共赢”的管理模式，带领全体教职工攻坚克难，实现了各园区进入高质量发展阶段的目标，较好地缓解了孩子入园难、师资教育不均衡等问题，让更多的孩子在家门口享受优质教育资源。

为深化教育综合改革，创新办园体制，提高管理效益，扩大优质教育资源覆盖面，着力化解城区教育资源不均衡、“择园热”等问题，推动学前教育优质均衡发展，为每个适龄幼儿提供普及普惠、安全优质的学前教育，根据区教体局教育工作计划，制订本方案。

一、指导思想

全面贯彻落实《中共中央　国务院关于学前教育深化改革规范发展的若干意见》《山东省人民政府办公厅关于加快学前教育改革发展的意见》等文件精神，创新办园体制机制，探索集团化办园方式，加大优质教育资源的辐射力度，促进学前教育优质均衡发展，构建高质量发展体系，让每个孩子享受优质学前教育。

二、工作目标

坚持党的领导，以办好人民满意的教育为宗旨，以“政府主导、整体运行、优势互补、共同发展”为原则，充分发挥区实验园优势，优化资源配置，创新管理机制和办园模式，启动台儿庄区实验幼教集团，构建城区公办幼儿园集团化办园格局。根据各成员园的实际发展情况，在管理创新、课程体系建设、师资培育、办园特色等方面提供政策、资源等支持，全面提升城区公办幼儿园保教质量。

三、工作措施

（一）成立幼教集团，构建组织架构

1. 成立集团

成立以台儿庄区实验幼儿园为龙头园，实验小学幼儿园、明远实验小学幼儿园、明远实验小学紫荆苑幼儿园、林桥小学幼儿园、金桂园、孟庄园为成员园的幼教集团。

2. 变更各成员园名称

各成员园相应名称变更为：台儿庄区实验幼儿园实验园、台儿庄区实验幼儿园闫浅园、台儿庄区实验幼儿园明远园、台儿庄区实验幼儿园紫荆苑园、台儿庄区实验幼儿园金桂园、台儿庄区实验幼儿园孟庄园。

3. 构建组织架构

成立集团理事会，设立由幼教集团龙头园和成员园以及相关人员组成的内部组织管理机构。明确理事会工作目标、原则、职能，制订集团发展规划，拟定集团运行机制，健全管理制度，完善议事规则和决策程序。

（1）成立集团理事会，健全运行机制。实行集团统一管理办园模式，建立“两会、五中心”管理组织结构。“两会”即理事会、园务委员会。理事会由集团总园长、集团副园长、各成员园执行园长组成；园务委员会由园领导、教师代表、保育员代表、保健医生、后勤代表组成。“五中心”即管理中心、党

务中心、行政中心、保教中心、后勤中心。

（2）制定章程、完善制度。制定集团发展规划、章程，健全集团制度，注重以法律效力保障集团化办园规范运行。

（3）健全集团内部统筹协调机制，完善集团议事规则和决策程序，民主管理、组织协调等运行机制。致力于推动集团内部管理一体化、课程教学一体化、教师发展一体化、考核评价一体化，形成“资源共享、优势互补、以强带弱、共同发展”的良好格局。

（二）健全工作运行机制

1. 完善组织架构

组建管理团队，建立完善保障集团正常运行的章程或相关制度，明确各方权利与义务。健全集团管理办法、工作流程、运行机制及评价激励机制，编写集团管理手册。

2. 成立理事会

理事会是集团各项工作的执行组织，负责制定和落实集团发展规划、章程和年度工作计划，集团日常事务管理。理事会设在实验园本部，理事长由集团总园长担任。集团实行龙头园负责制，龙头园组织协调集团的行政工作以及业务指导，成员园服从龙头园的领导和指导。

3. 建立工作例会制度，研究部署各项工作

定期指导成员单位的日常管理和教学工作，对发现的问题和困惑及时进行研究剖析，形成年度有计划、定期有总结、阶段有展示、展示有成果的“四有”集团常态运行机制。集团内各执行园长每周一参加例会，汇报上周工作情况，部署下周工作计划；每学期开学前汇报工作计划，每学期结束后进行工作总结并作述职汇报；每学年举办一次园长工作经验交流会。同时结合保教、后勤、安全等管理中存在的问题进行深入的研讨，相互学习，取长补短，共同进步。

（三）细化工作职能

1. 集团总园长

集团总园长是集团法定代表人，处于行政决策和主导地位，负责对集团发展方向、保教质量、办园特色等重大问题的决策。

（1）负责组织起草集团章程、发展规划、规章制度、工作计划，并负责组织实施、检查和评价；

（2）执行上级教育行政部门的决定和指示；

（3）领导集团各职能部门及常设机构，完善岗位设置，维护集团秩序；

（4）负责集团日常事务管理，主持园务会议审议重大事项并做出决策；

（5）领导学前教育课程实施，领导保育教育、卫生保健、安全保卫工作；

（6）负责集团内部人员调配、支教挂职管理、教职工队伍建设；

（7）组织管理各园区园舍、设备和经费；

（8）组织和指导家长工作；

（9）负责与社区联系和合作。

2. 集团支部书记

加强党对教育工作的领导，推动党建与集团化办园工作深度融合，发挥政治核心作用，领导集团思想政治工作和精神文明建设，保证、监督教育方针的全面贯彻执行。

深化党建品牌建设，让党建“红色能量”为集团化办园助力。加强集团党支部委员会建设，选优配强支部委员会成员，加强党员队伍建设，发挥党员干部的战斗力、凝聚力，提升集团教师的思想政治素质。

3. 集团副园长

集团副园长为龙头园副园长，副园长兼任“五中心”负责人，负责协助集团总园长工作，统筹安排集团内各成员园的党务、行政、保教、后勤等管理工作。

4. 集团管理中心

负责集团运营管理工作统筹协调，组织各成员园管理者的培训与发展工作，以及集团内部人事调整，优化完善集团运行及管理机制；指导成员园从办园理念的提炼、园所文化的建设、园本教材的开发等方面加强指导，大力塑造集团文化品牌，以各美其美推进优势互补，实现错位发展，以合作共赢推进美美与共，彰显“一园一品”特色，提高集团内各成员幼儿园的保教质量及办园水平，促进台儿庄区实验幼教集团一体化快速发展；负责完善集团发展性评价制度，监督考核各成员园办园行为，开展保教质量等过程性评价，每学年进行一次全面评估，考核结果作为年度绩效奖金发放的重要依据。

5. 党务及安全保障中心

加强党对教育工作的全面领导，推动党建与集团化办园工作深度融合，积极发挥党组织的政治核心作用；领导集团思想整治工作和精神文明建设，集团及全体教职工意识形态教育引导、党风廉政建设，监督党的教育方针的全面贯彻执行；负责安全、卫生保健思政等工作。

6. 行政事务中心

负责集团行政事务管理、校园文化建设、工会工作、文秘档案管理、网络信息平台建设。

7. 保育教育中心

负责集团教育教学工作，课程方案的制订与研发，对各成员园课程实施情况进行督导、诊断与分析，提出改进方案；负责教师的培训培养，促进教师专业发展，提升保教质量。

8. 后勤服务中心

负责集团经费收支管理，以及物品采购、维修维护、食堂管理、校舍基建、资助等工作，做好集团各园后勤保障工作。

9. 执行园长

主持各园区的日常管理工作，组织实施理事会的决议；负责制订各园区发展规划、工作计划，并负责组织实施、检查和评价；组织实施各园区年度业务活动计划；拟定各园区内部管理机构设置的方案；领导各园区学前教育课程实施，领导保育教育、卫生保健、安全保卫工作，组织指导各园区家长工作。

（四）健全教师交流机制

（1）建立健全支持集团内各成员园之间互派管理人员、教师双向交流制度，通过轮岗、交流、支教等方式，组织各成员园之间进行人员交流。鼓励中层干部、骨干教师向薄弱园、新建园交流，在绩效考核、职称评聘、评优树先、培养培训、选拔任用等方面与薄弱园、新建园交流的教师倾斜。

（2）探索集团内领导职位数、人员编制和专业技术岗位统筹使用的办法，增加集团领导职位，将各园区编外人员调入集团编制，在职称评聘等方面予以保障。

（3）探索集团内统一职称评定、统一评优树先、统一选拔任用机制。本部园派驻到成员园任职的干部和教师在职称评定、评优树先、选拔任用时予以倾斜。

（4）对于承担跨校管理及其他工作增加工作量的行政领导和教师，可按照一定比例计入本人教学工作量。

（五）提升集团化办园质量

以《幼儿园保育教育质量评估指南》为准则，不断深化课程改革，落实立德树人根本任务，以幼儿为中心，以游戏为基本活动，积极探索基于幼儿兴趣与发展的园本课程。促进教师专业发展，加强资源共建共享，逐步完善保教质量评价体系，努力打造健康和谐的优质幼儿园。

（六）规范财务管理

建立健全财务管理制度，规范集团内部财务秩序，保证各园区教育教学和管理等各项工作的正常运转。

（1）合理编制集团年度财务预算，并对预算执行情况进行监督管理，科学配置集团资源；

（2）加强集团资产管理，如实反映集团财务情况，保证集团合理、合法运行；

（3）健全集团财务管理体制。财务管理做到“四统一”：统一财务政策、统一预算管理、统一财务会计制度、统一资源调配。

（4）公示财务情况，主动接受上级教育行政部门和财政、税务、审计、监察等相关职能部门的监督。

（七）完善考核评价机制

（1）成立考核小组，制订评估考核方案，完善集团发展性考核评价制度，对集团内成员园每学年进行一次年终考核，考核结果作为年度绩效奖金发放的重要依据。

（2）根据集团考核结果，统筹分档发放绩效奖金和年度运作经费。

第二篇
家园共育篇
阅读

幼儿园开展家园共育的意义

近年来，随着幼儿教育改革的不断深入和幼儿教育理念的不断更新，家园共育已经成为幼儿教育的主流趋势。

《幼儿园教育指导纲要（试行）》中指出，“家庭是幼儿园重要的合作伙伴，应本着尊重、平等、合作的原则，争取家长的理解、支持和主动参与，并积极支持、帮助家长提高教育能力”从而实现最有效的家园合作共育。

2022年1月1日，《中华人民共和国家庭教育促进法》（简称《家庭教育促进法》）正式颁布实施。《家庭教育促进法》是继《中华人民共和国教育法》《中华人民共和国义务教育法》和新版《中华人民共和国未成年人保护法》后，又一部教育领域的重磅法规，也是我国首次就家庭教育进行专门立法。“促进”二字更加凸显了全社会对家庭教育的支持和协助，突出了动员全社会力量关心支持家庭教育的立法方向和重心。这是贯彻落实习近平总书记关于注重家庭家教、家风建设的重要论述，是弘扬中华民族重视家庭教育优良传统的法治体现，也是落实立德树人根本任务、培养德智体美劳全面发展的社会主义建设者和接班人的重要举措，更是促进儿童青少年健康成长的重要法治保障，对于我国家庭教育事业具有里程碑意义。

目前家园共育存在的问题

家园共育，是我们每一所幼儿园一直在积极探讨的问题，大家都在积极探索家园共育的方法，也都各有许多值得学习借鉴的见解和方法。我们一直都在努力地做着这项工作，然而依然还存在着一些不尽如人意的问题，如对幼儿园教育观念、态度与教育方法的分歧，家长对幼儿园的教育追求即时效应，急功近利，要求与幼儿园的培养目标不一致，使幼儿园处于无奈和尴尬的两难境地；很多家庭依然存在过度依赖幼儿园，忽视家庭责任与投入的问题，认为教育孩子就只是幼儿园的事。除此之外，幼儿园存在对家长教育理念引领与指导工作重视不足、家长资源利用有限、共育活动效果欠佳等诸多问题。整体而言，家长与教师之间互不信任、互不理解、互相抱怨，加剧了家园矛盾，阻碍了家园共育的深层次推进。

家园共育要遵循的原则

根据幼儿园家长工作的目的，家长工作的核心主要是与家长建立经常性联系，相互沟通，实现同步教育。只有幼儿园与家庭建立密切联系，经常相互沟通情况，才能达到配合一致教育幼儿的目的，所以家园合作应掌握以下的原则。

一、经常性原则

幼儿园的家长工作一般通过公众号、家长群、家长会、家园联系栏、家长学校等各种方式或渠道，向家长通报幼儿园的工作情况与发展，宣传科学保育和教育幼儿的知识、经验等。

由于家长工作的目的在于实现家园合作，促进每个幼儿的身心发展，而幼儿是存在个体差异的，发展又是一个渐进的过程，因而家长工作更重要的是做到经常性联系与沟通。如通过教师与家长的个别交谈、微信、电话、家访等形式，随时反映和交换有关孩子的成长、进步等信息，及时了解孩子存在的问题与需求，以便及时采取措施，促进每个幼儿在其原有基础上获得发展。

二、双向性原则

家园沟通应是双向的，不应只是幼儿园单方面向家长提出工作要求或汇报幼儿在园的表现。教师和家长应经常将幼儿在园、在家的情况进行互相交流和沟通，共同研究配合教育的方法，相互反馈教育效果，只有这样才能取得共识，达到同步教育促进幼儿发展的目的。

三、以幼儿发展与教育为中心原则

实现幼儿园与家庭的相互沟通并不是件很容易的事，需要双方做出努力，其中幼儿园应起主导作用，幼儿园教师应主动创造条件，排除家长的种种顾虑，打通沟通渠道。

四、教师本着教育服务与专业引领的原则

鉴于幼儿园服务家长、教育孩子的双重职责，在教育幼儿的同时，应最大限度地服务家长，广泛听取家长的意见和建议。

幼儿园作为专业的教育机构，对于如何办园、如何教育孩子享有相应的权利。因此，教师作为专业的教育工作者，应本着教育服务与专业引领的双重使命，就幼儿发展与成长的问题与家长平等对话，在尊重家长、听取家长意见的同时，努力从专业的角度与家长进行沟通，这一方面也为教师的专业发展提出了更高的要求。

如何开展有效的家园共育

实现家园共育，协同教育，促进幼儿健康成长，是家长工作的出发点和归宿，更是幼儿园与家长的共同使命。

一、多渠道向家长宣传教育理念和方法

家庭与幼儿园的教育理念融合共通是家园共育一致性、有效性的基础。面对80后、90后的幼儿家长，需要采取更适合他们的新媒体传播方式，向家长传授科学的教育理念和先进的育儿方法。比如利用公众号、家长群、微课、在线直播等形式，让年轻的爸爸妈妈认识到家庭教育的重要性，遵循幼儿身心特点和科学规律，坚持严爱结合、正面教育，并做到以身作则、教育一致，只有这样才能与幼儿园教育同步，从而收到最佳的教育效果。

二、掌握适当的幼儿园家长工作的任务与方法

幼儿园家长工作的目的在于实现家园相互配合，同步教育，促进幼儿健康和谐发展，这也是幼儿园家长工作的出发点和归宿。在此基础上进一步明确幼儿园家长工作的任务与方法，更具有实效性和操作性。

1. 幼儿园家长工作的任务

（1）指导家庭教育

在了解幼儿家庭教育状况的基础上，有针对性地宣传科学育儿知识，介绍或传授具体育儿方法，向家长宣传正确的教育方针，帮助家长树立正确的教育观念和掌握科学的育儿方法，需要做到以下两个方面。

第一，帮助家长认识幼儿期家庭教育的重要性。

要让家长明白自身的教育功用，认识到自己本身对孩子来说就是一大教育资源，自己的一言一行、一举一动都会成为孩子模仿的对象，会潜移默化地影响着孩子。除此之外，还应让家长认识到幼儿园教育不能代替家庭教育，教师与家长在育儿方面既有共同目标，又承担着各自不同的任务。同时要向家长宣传：幼儿是人生的奠基时期，是身体、智力迅速发展，性格、品德、行为习惯形成的重要时期，是进行教育的黄金时期。要使家长认清他们在教育孩子问题上有着不可替代的作用，应尽到自身应尽的责任。

第二，帮助家长树立正确的教育观念。

教师帮助家长端正和更新教育观念，树立使孩子在德智体美劳各方面全面和谐发展的思想，树立面向未来，从幼儿期开始培养适应未来社会一代新人的观念。

（2）加强家园联系，实现同步教育

幼儿园与家长之间应建立密切的联系和沟通。

一方面，幼儿园要了解每个幼儿的个性特点、生活习惯、家庭环境及家教方式，以便有针对性地进行个性化教育；另一方面，幼儿园要方便家长了解幼儿在园的情况，了解幼儿园的工作要求、教育重点，只有这样，家长与幼儿园才能配合一致，实现同步教育。

（3）发挥幼儿园的社会功能，更好地服务家长

幼儿园承担着双重职责：服务家长，教育孩子。因此，幼儿园应不断增强服务意识，改进服务质量，以质量求生存，以服务求发展。幼儿园在做好家长工作的同时，还应尽量了解家长的需求、要求、困难和困惑，尽可能方便家长，搞好服务。

（4）争取家长的配合支持，通过家长打开通向社会的渠道

幼儿园要争取家长对工作的配合与参与，协助园内的教育和管理。尽可能方便家长了解幼儿园的工作状况、各个阶段的计划和安排，争取家长的支持与配合。

幼儿园通过家长工作，有效地组织和利用社会力量，争取并动员全社会关

心幼儿园工作，并给予大力支持，帮助幼儿园解决面临的问题，为幼儿园的发展建言献策。幼儿园也要主动承担为社会、社区服务的社会工作，主动参与并积极承担地区或社区的社会工作。

2. 幼儿园家长工作的方法

（1）尊重、信任家长

教师首先要在思想上树立平等的观念，不要以为只有自己懂教育，认为自己比家长专业，而要以平等、尊重、虚心的态度对待家长，这样才能取得家长的信任、理解和配合。

（2）一流的教学质量做前提

质量是幼儿园的生命线，是立园之本，只有教学质量达标了，家长看到效果，才会从心里完全接受。本着寓教于乐的教学理念，在教学中需要幼儿园更深入地了解孩子生理及心理发展特点，注意对孩子兴趣的激发和引导，努力给孩子创设一个积极向上的学习氛围，让孩子得到全面发展。

（3）做一个复合型教师

做一个有亲和力的教师，学会真诚地赞美孩子，把孩子当成好朋友、好伙伴，注意角色的转换；做一个恩威并重的教师，树立起教师威信，严格约束自己的行为，给孩子做典范，建立起良好的常规，帮助孩子养成良好的习惯；做一个乐观阳光、自信快乐的教师，切忌把情绪带到幼儿园中，让孩子在一个快乐健康的氛围中成长；做一个“会说话”的教师，要求交流时能把握好分寸，摆正心态，真诚微笑自信，注意仪表仪态，言行举止要符合教师身份，真心平等地对待每一个孩子。

（4）进一步转变服务观念，不断提高服务水平

幼儿园在重视保教质量的同时，还应加强为幼儿服务、为家长服务的观念，制定出与之配套的服务措施，减少家长不必要的负担，真正解除家长的后顾之忧。

如何建立家长委员会

家长委员会，是由家长代表成立的组织。家长以合作者的身份，参与和协助幼儿园的教育和管理。家委会成员由各班家长推选出符合一定条件的家长代表，与幼儿园管理人员共同组成。

陈鹤琴老先生说过：“幼儿教育是一种很复杂的事情，不是家庭一方面可以单独胜任的，也不是幼儿园一方面能单独胜任的，必须要两方面共同合作方能得到充分的功效。”因此，充分调动幼儿家长参与幼儿园管理的主动性、积极性，发挥幼儿家长在幼儿园管理中的作用，体现管理科学性，实现家园共育，设立家委会是非常必要的。

一、建立家委会，拓展教育资源

1. 规范程序，使家委会的产生具有代表性和广泛性

（1）选择家委会成员

第一，有人品。家委会成员必须具有责任心、正义感，对于班级中不良风气和家长中消极的言行及时给予抵制和纠正。

第二，有态度，家委会成员要热心公益服务，愿意为大家做事。为班级服务需要花费个人时间和精力，且都是公益性的，因此作为家长个人要愿意为大家服务。

第三，有能力。家委会成员要组织其他家长，个人必须具备专业特长，要能高效率、高质量地完成班级工作。

第四，有时间。班级需要配合的工作需具体人员来完成，因此如果一个家

长各方面条件都符合要求，就是工作忙，一点儿时间都没有，不能来参加班级服务工作，那么是不能做家委会成员的。

第五，家委会成员要有祖父辈家长代表。祖父辈们承担第三代教育和抚养责任，他们已经成为家园互动中不可忽视的群体，所以要关注他们的声音。

第六，家委会成员要考虑男女性别比例。现实生活中多数是母亲承担孩子的学前教育，而父亲参与孩子教育较少，对于幼儿教育这是个缺失，教师要尽可能吸纳父亲参与家委会。

第七，家委会成员要考虑到人员能力和性格搭配。要有领导能力的人员，但是不能个个都是“领导”，否则家委会就会变成争论的场所。所以家委会成员既要包括有领导能力、善于表达的家长，也要包括那种默默无闻、踏踏实实愿意干活儿的家长。

（2）家委会主任的选举和任命也至关重要，选好家委会主任、用好家委会将会给幼儿园工作带来事半功倍的效果。

2. 家委会工作总则

家委会参与幼儿园的管理工作，是家园合作的一项重要内容，也是幼儿园办园思路的体现。家委会是幼儿园实行科学管理、民主决策的一个重要方面，是家长与幼儿园联系的桥梁。

幼儿园成立家委会，推举家委会代表，制定家委章程。具体规定了家委会的权利、责任、义务、组织与管理、评价等，由此保证了家委会这样一个民主组织的成立。

幼儿园学期初制订家委会工作计划，定期组织家委会例行会议，及时发现问题，解决问题。

定期组织家委会成员学习和研讨，树立正确的舆论导向。

幼儿园家委会每次的活动要有专人负责组织，活动的内容有记录，定期总结家委会工作，并及时针对家委会形成决议的内容组织落实。

3. 家委会组织规则

家委会成员应从具有较高素质、热心于公益服务、为人正直，且有一定家教经验的家长中选择，可由教师和家长推荐或自荐，并由园方审定。

家委会成员每学年调整一次，每班二位至三位家长，任期一年，并由幼儿园向广大家长及教师公布。

家委会每学年举行2—3次例会，逢有重大活动及事情，可随时召集。

4. 家委会组建流程

家委会组建五个步骤：

第一步，确定家委会的章程；

第二步，根据宗旨与任务，为家委会成员画像；

第三步，公开招募家长委员代表；

第四步，家委会成立以及启动大会；

第五步，形成学期计划并落实执行。

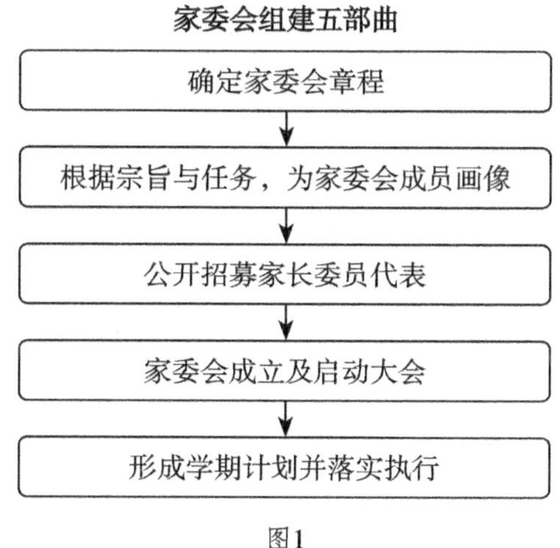

图1

5. 确定家委会的章程

家委会章程是组织或团体的基本的纲领和行动准则。家委会作为一个体现幼儿园民主开放、实现家园共育的组织，是需要基本的纲领和行动准则的。

家委会章程由幼儿园起草，但一定要经过家委会成员讨论，最后认可。

家委会章程至少要包含宗旨、任务、作用、权利、义务、组织形式六个方面。

确定家委会章程——明确家委会责权利

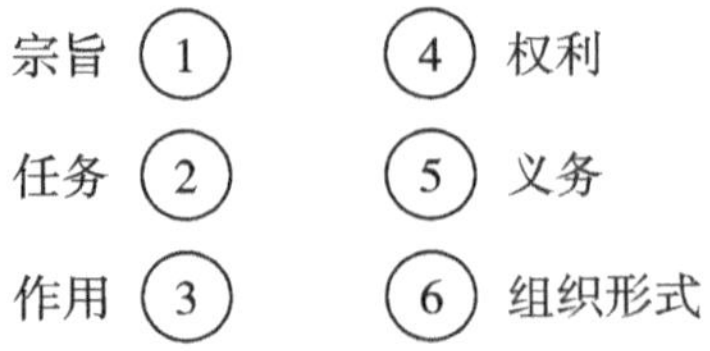

宗旨	1	4	权利
任务	2	5	义务
作用	3	6	组织形式

图2

家委会宗旨：为每个家庭在幼儿园获得归属感、幸福感。

家委会任务：为幼儿园扩充教育资源，拓展思路，连接幼儿园与家庭，促进幼儿、教师和家长的成长，形成开放包容的幼儿园文化。

家委会作用：策划、组织、凝聚家园共育纽带，及时反馈研究交流与学习。

家委会权利：了解权、视察权、提出意见建议权、提出议案的权利，有权搜集有关情况，部署研究和组织开展工作。

家委会义务：宣传幼儿园，关心支持幼儿园的发展，带头参加并协助组织家长参加各类活动和学习，发挥桥梁纽带的作用，积极协助幼儿园办理幼儿园自身难以解决的问题。

家委会组织形式：把家委会的代表分成小组，然后参与幼儿园的各项管理工作，参政议政。

宗旨	·每个家庭在幼儿园获得归属感，提升幸福感
任务	·扩充教育资源、拓展思路；连接幼儿园与家庭；促进幼儿、教师、家长成长；形成开放包容的幼儿园文化
作用	·策划、组织、凝聚、纽带、信息收集、信息反馈、研究、交流与学习
权利	·了解权、视察权、提出意见建议权、提出议案的权利、收集有关情况、部署研究和组织开展工作的权利
义务	·宣传幼儿园、关心支持幼儿园的发展；带头参加并协助组织家长参加各类活动和学习，发挥桥梁纽带作用，积极协助幼儿园办理幼儿园自身难以解决的问题
组织形式	·分组纵深参与，比如保教组、家长学习组、膳食组、安全组、宣传组等

图3

6. 家委会的工作方式

家委会工作方式

1 和幼儿园相应部门形成合作组，参与策划组织
贡献智慧，多一种视角，多一面镜子

2 从本小组任务职责出发，给所有家长拓展参与的渠道
不仅委员本人参与，也发动广大家长参与

3 做信息的传播者，使幼儿园内部信息对称
通过传播渠道，把和幼儿发展相关的各种信息传播给全体家长

图4

二、用好家委会，不要让家委会形同虚设

1. 民主选举，吸纳优秀教育资源到家委会中来

要避免家委会成为摆设，就要采取民主选举的办法，由家长自主推选，让那些重视子女教育、重视班级和幼儿园发展的家长能够参与到家委会中来。还要注意他们的参与热情度是否高，是否懂得教育，是否有组织能力和社会活动能力，人品是否中正。因为家委会在学校教育中起着沟通、制衡、互补的作用，也是家长自主管理、自我教育的平台，如果没有奉献精神，没有参与热情，家委会也就容易失去应有的作用。

2. 细化工作职责，引导家委会成员行使参与管理的权利

将家委会成员按照各成员特长和优势分组，如我们将家委会分为四个小组，即保教组、膳食组、安全组、卫生保健组，各小组分别承担相应职责，引导家长参与幼儿园管理。

如保教组参与幼儿园课程管理。课程是幼儿园教育的主要内容，课程参与是融通家园共育最直观、最核心的内容，幼儿园进行课程建构时可以邀请家长参与研讨，并在课程方案完成后挑选一些难度适宜的活动与家长共同策划、组织和实施，在活动过程中与家长充分沟通、商讨方案、分配任务、组织协调、调整评价等。如开展“亲子运动会”“庆六一”“亲子游园”等活动，大班年级组开展的“我毕业了”主题活动，幼儿园组织家委会与教师进行专题研讨，共同商议活动方案；由家委会成员分头将活动方案与全体家长共享，并根据家

长资源与特长进行分组，形成安全保卫组、宣传组、策划组，最后分头落实各自组内任务，从而形成各组的可操作方案……活动结束后，教师和家长及时总结经验，每一次活动都在家长与教师的积极协作下留下了许多精彩的故事，同时也在不断地调整改进。

再如，在家委会的支持下，充分利用地方资源，学校开展了“走进台儿庄大战纪念馆，重温红色记忆”“走进消防救援中心”等活动。在参观大战纪念馆过程中，中五班的家长讲解员通过细致的讲解，引导幼儿观看战地日记、家书、信件、生活用品、军号、望远镜等战争年代保存下来的珍贵文物，见证了战士们艰苦卓绝的战斗历程。在“走进消防救援中心”活动中，孩子们走进消防救援中心，通过摸一摸、看一看、试一试，亲身体验并感受消防员的日常训练、消防演练，通过将课堂教学与实际生活相结合的教育活动，使幼儿对基本的消防安全知识有了感性认识，使消防知识真正渗透进了孩子们的生活中，了解了基本的防火常识及火灾逃生方法，提高了孩子们的防火意识和自我保护能力。同时也让他们亲身感受到消防工作的重要性，从而增强幼儿的安全意识，以及对消防员叔叔的尊敬之情。

图5

再如，红色收藏家刘付涛是幼儿园大二班小朋友的爷爷，在家委会主任的邀请和他的热情回应下，与我们联合举办了“红色传承浸润童心”为主题的红色文化收藏展，隆重庆祝中国共产党成立100周年。展会中展出了数百件个人收藏品，时间跨度涵盖了新民主主义革命时期、抗日战争时期、解放战争时期、抗美援朝时期等革命阶段。其中最早的收藏品距今已有100多年的历史了，藏品中绝大多数展现的是中国共产党100年来党的领导人以及为中国革命做出卓越贡献的英雄人物的纪念品，孩子们津津有味地聆听着藏品中的红色故事，激发了他们爱祖国、爱家乡的情怀，更好地传承了红色精神。

再如安全管理组：“家长志愿护岗”“啄木鸟行动”安全隐患排查等。

膳食管理组：参与食堂管理、制定食谱、陪餐等。

卫生保健组：参与环境卫生监督检查、体能测试、幼儿体检等工作。

3. 落实职权，充分发挥家委会的作用

家长、幼儿园、教师形成良性互动，并作为一个教育联盟来促进幼儿和幼儿园发展，以达到家长之间互相教育的效果。同时又使幼儿园在家庭教育中得到延伸、拓展，补充幼儿园的教育资源，这可以说是家委会的主要功能。但是在目前的工作实际中，家委会的权利并没有达到应有的高度。

目前，一些家委会对于幼儿园的监督往往与书面的文字有着很大的距离，没有得到很好的落实。在听取幼儿园报告、审议幼儿园计划、咨询幼儿园工作、提出办园意见和建议时，往往只是流于形式，并没有真正落地。

我们幼儿园每学期初召开家委会会议，引导家委会成员听取幼儿园工作报告、审议新学期工作计划，采取分组研讨，提出意见和建议相结合的方式。家委会传达工作计划，与幼儿园工作相互通融，形成良性互促，双向衔接，以保证学期工作圆满顺利，有序开展。

评价展示，使家委会的工作持续发展。为调动家委会成员的工作积极性，幼儿园应该建立评价和激励机制，每学年结束，在总结梳理幼儿园各项工作的同时，家委会工作总结也是一项非常重要的总结工作。家长的热情参与需要适时的肯定，对于热心付出、对幼儿园发展积极献计献策、大力支持幼儿园工作的优秀家委会成员，给予表彰奖励，使他们的工作赢得更多的理解、尊重和肯定。幼儿园通过家园联系栏、家委会、家长会、微信公众号等方式，对家长给予肯定与感谢，对于贡献突出的家长颁发荣誉证书，从而让越来越多的家长成为幼儿园教育的家长教师，让积极参与幼儿园活动在家长群中成为风尚，让提供资源、作出贡献的家长感受到价值所在，同时带动越来越多的家长积极参与到幼儿园的各项活动中来。

当然，我们也可以通过其他的途径来进行评价，但是不管采取怎样的措施，一个健康合理的激励机制都是必需的，因为它是家委会能否长期存在，并且不会形同虚设的重要保障。

家园共育取得的效果

一、促进家长反思自己的教育行为

通过不断的学习，帮助家长更加了解并尊重幼儿的年龄特征，家长逐渐了解到孩子成长与发展的规律，能够科学地去理解和解释孩子的行为表现，从而实施更加科学有效的教育，促进家长对自己的教育行为进行反思，为家长不断进步，提升自身教育水平打下良好的基础。

二、提升家长参与教育的意愿

在学习、观摩与体验中，家长参与教育的意愿增强，更加积极主动，特别是爸爸们的参与意识显著提高。家长在幼儿园教育中扮演的角色更加多元，有助教、义工、活动策划者、后勤人员等，带来的资源也更加丰富，有不同领域的科普知识、各类小实验、手工制作、职业展示等，同时为幼儿提供了许多社会参观和实践的场所。家长在对孩子的生活学习更加了解的基础上，对于如何陪伴与教育孩子有了更深刻的领悟和体会，催生了更有质量的家庭亲子活动。

家长在与孩子的积极互动中，构建起更加和谐且有教育意义的成长氛围，更加平等对待和尊重幼儿，更注重言传身教，为幼儿今后的学习与成长打下坚实基础。

三、家园协同共育质量显著提升

幼儿园教育资源不断丰富，家长具有独特的专业优势和资源优势，通过充分发挥家长的作用，极大地丰富了幼儿园的教育资源。

家长参与幼儿园教育激发了幼儿的学习兴趣，拓展了幼儿的认知视野，丰富了幼儿的学习经验。在家长参与的活动中，幼儿的思维更加活跃、专注，同时也增加了亲子感情。

同时，家长参与也为教师创造了学习、提高的机会。教师的教育教学、沟通协调、组织活动等专业能力显著提高，教师的角色也在家园相互交流中发生变化，从活动主导者转变为活动引导者、支持者、合作者。

在双向互动中，教师更加了解家长的困惑、清楚家长的关注点、理解家长的需求，从而提供有针对性的指导，同时更能发现家长的优势和特长，与家长开展平等的合作。家长和教师的关系发生了转变，家长更能理解教师的工作，更加了解幼儿园的教育内容和方式，更加积极主动地配合与支持幼儿园教育，在共同成长的氛围中，家园关系变得更加融洽、平等，合作更加紧密、多元。

总之，掌握与家长的沟通原则与方法，是实现有效沟通的前提。这就要求教师特别是新教师在与家长沟通时，要时刻牢记“一切为了幼儿的成长”，这也是教师与家长交流的核心，从这个角度出发，双方交流沟通的目标达成一致，从而更容易实现良好的沟通交流。

孩子就像一株娇嫩的幼苗，需要家庭、幼儿园如同阳光雨露一般为他们的健康成长提供养料。采取幼儿园、家庭、社会三位一体的立体式教育模式，充分发挥家长的教育作用，提升家长的育儿经验，让幼儿园教育与家庭教育同步协调发展，才能更好地实现教育目标，促进幼儿健康成长。

家园携手，着力做好疫情防控工作

为了加强对新型冠状病毒感染的防控工作，台儿庄区实验幼儿园认真贯彻落实山东省教育厅〔2020〕7号《关于再次延迟学校春季学期开学时间的通知》中高等学校、技师学院、中职学校（含技工学校）和普通中小学、幼儿园，延长假期的要求。

疫情当前，隔离病毒，不能隔离教育。为最大限度地降低疫情对幼儿的影响，台儿庄区实验幼儿园在防控疫情期间第一时间展开线上积极讨论，集思广益，智慧云集。围绕“停课不停学”做了大量工作，并制订《台儿庄区实验幼儿园家园共育“线上课堂”》实施方案和计划，利用电话、视频、微信等多种形式，通过线上备课、录制游戏活动视频等，针对小、中、大班各自的年龄特点制定了适宜居家操作、保教结合、寓教于乐的亲子活动。

一、网上教研，明确目标

幼儿园专门成立了“家园携手，家园共育”教研群，园长、业务园长、保教主任、级部主任和教研组长一起网上教研，大家集思广益，献计献策。从计划的制订、内容的制作、活动的开展、推送的方法等方面进行细致的教研，最终确定一个以传统游戏为主的课程方案，让孩子体验父辈儿时的那些趣事。各级部主任和教研组长对本级部全体教师进行网上培训、再教研，科学制订各自年龄组的计划和实施方案。

二、严格把关，提高质量

为了更好地给幼儿和家长呈现出一堂精彩、有趣、好玩、好学的线上活动，各级部按照资源共享的原则，结合班级教师的自身优势进行分工合作，在家进行了多次备课、说课、录课。幼儿园保教处人员严格逐层把关活动制作的质量，及时进行指导，教师们经过这次考验，不断进步。绘本阅读、亲子游戏、儿歌律动、科学小实验等内容，以各种电子媒体的多种方式录制，精彩推送。同时，引导家长陪伴幼儿一起阅读，进行亲子游戏，增进亲子之间的感情，教师积极回复，给予幼儿和家长鼓励和肯定。

三、宣传防控，阻击疫情

幼儿园教师通过班级微信群、QQ群、公众号等渠道及时向幼儿及其家长普及防控知识和防控要求；指导家长和幼儿一起共同学习，坚持培养幼儿各种良好的习惯，与家长共同制订合理的一日作息时间表；向家长发送“防控指南”和《致家长的一封信》，引导家长和幼儿消除恐惧，正确理解并积极参与科学防控，指导家长科学而有意义地度过这个特殊的假期。

四、家园共育、共同参与

在这个非常假期，积极争取家长的配合，让家长参与到幼儿的读书、运动、游戏和劳动中，科学合理地安排好家庭一日生活，以身作则，为孩子树立榜样，传播正能量，建立起更加亲密的亲子关系，促进幼儿更好地成长。如引导家长多关注孩子的阅读兴趣、阅读习惯和独特想法，感受孩子的每一份敏感、每一次表达和每一场喜悦，努力培养好习惯。

五、关爱行动，感恩学习

引导幼儿关注疫情，学会感恩。新型冠状病毒感染肆虐时刻，无数人积极投身于抗疫一线，一群大爱无私的逆行者正在前线奋力抗击疫情，如抗疫最前线的钟南山爷爷和各地的精英医护人员、参与抗疫工作的警察叔叔、帮助管理疫情区域的街道和政府工作人员等，有了他们的无私奉献，冲锋陷阵，我们才得以安心宅在家中，守护好我们的小家，为控制疫情做自己力所能及的贡献，他们用自身行动给我们上了生动的一课。

开展向我们身边的“英雄”学习的主题活动，如“绘画——致白衣天使的一封信”“教师自编绘本故事——英雄就在身边”等，掀起了向榜样学习的热潮。孩子们通过绘画和视频等特别的方式表达敬意和祝福。中五班的贾廷章小朋友的爸爸是警察，妈妈是支援武汉的医护人员，并且妈妈“火线入党”的事迹在学校广为传颂，幼儿园的全体师幼共同学习他们的精神。这个宝贝特别开朗懂事，非常支持妈妈，可以说贾廷章小朋友的爸爸妈妈的无私奉献是对孩子最好的无声的教育，也影响着全园的孩子们。在活动中孩子们都噙着泪水说“贾廷章不要害怕，你是最棒哒！”“医生阿姨加油！”等，使孩子们切身感受到了这份担当和荣耀，学会了感恩。

六、共同体验，快乐成长

一家人长时间的居家共处，对成人和孩子是一个极大的考验，在这期间或许会焦虑、会烦腻，我们更需要以积极的心态应对，学会珍惜和孩子朝夕相处的特殊时光，多一点耐心，少一些烦躁，用爱的姿态与孩子交往。比如与孩子一起游戏、运动、科学防护；和孩子共同体验亲情的快乐、责任与担当，以及成长的快乐。幼儿园“停课不停学”的精神，就是要支持孩子学会生活、学会学习、学会做事与做人。生活中的每一次困难的挑战和成功书写了我们的进步，是我们今天的欣喜，更会助力未来的快乐。

在这个特殊的春节，受新型冠状病毒感染的侵袭，我们只能宅在家里。但我相信，只要养成良好的作息，讲卫生、常通风、多锻炼，增强抵抗力，保持良好的心态和身心健康。家园携手、齐心协力、共同配合、科学防护，坚信我们一定能够打赢这场疫情防控阻击战。

打破传统模式，使家长会更具实效性

《幼儿园教育指导纲要（试行）》（以下简称《纲要》）明确指出“家庭是幼儿园重要的合作伙伴”，家长会显然是幼儿园与家庭面对面沟通的重要方式，也是家园合作促进幼儿全面发展的重要手段之一。教师怎样组织和开展家长会，充分发挥家长会的作用，让它为家园共育、促进幼儿身心健康发展服务，是值得我们幼儿教师探讨的问题。

传统的家长会一般采用“教师讲、家长听”的模式，教师往往将本学期幼儿园的教育教学任务和需要家长配合的事项一一向家长进行介绍，最后请家长来提一些建议等。教师一股脑儿地讲述很多内容，而家长只是长时间地坐着听，状态完全是被动的，会中家长基本上没有机会发表意见，实际能听进去多少是个未知数，家长会上教师固然是一个组织者、引导者，教师的作用不能忽视，但是只靠教师一个人的会并不是真正的家长会，教师在其中更应该起好“穿针引线”的作用。这种家长会的模式过于形式化，家长从中充当的往往是听众的角色，并没有真正参与到活动中。

那么，怎样召开一次效果好又让家长乐于接受的家长会呢?

可以考虑让家长多参与、多体验的形式。打破传统的家长会模式，不仅能克服“一言堂”的单调乏味，充分调动家长的主动性和积极性，而且能让家长乐于全身心投入家长会，使家长会起到事半功倍的效果。

一、关注家长实际需求

教师要明确家长会的主要对象是家长，教师从中充当的角色应该是一个引导者、组织者。教师首先要了解家长的实际需求，关注家长想要在家长会中了解一些什么内容，获得哪些方面的信息。教师可以采取以下途径，来了解家长的需求，从而制订家长会的计划。

1. 家长访谈

教师可以通过上门访问的形式，也可以采用随机访谈、面谈的形式，向家长询问有关家长会中家长需要了解的一些内容。访谈的对象应该具有普遍性、针对性、特殊性，即教师要承认家长教育观念的差异性，并对班上不同层次的家庭进行有针对性的访谈，以便了解班上家庭的普遍问题。

2. 问卷调查

问卷调查就是教师在召开家长会前，设计相应的问卷，向家长征集一些问题，例如，您觉得您在家庭教育中存在着哪些困惑等。然后教师及时将问卷的情况进行小结，统计出问卷中体现出来的相对密集的问题，以便在家长会中进行解答或研讨。问卷调查能够帮助教师了解全体家长的需求，为解决家长实际需求做好充分的前期准备。

3. 日常工作中收集信息

教师要密切关注家长平常的话题，特别要关注那些平时不能够积极配合完成各项活动的家长，以他们为突破口，寻找相关的信息，力求解决问题。

二、搭建家长交流的平台

1. 充分挖掘家长资源

《纲要》指出“幼儿园应与家庭、社区密切合作，与小学相互衔接，综合利用各种教育资源，共同为幼儿的发展创造良好的条件。”其实在我们接触的这些家长当中，发现有部分家长的学历比我们高，很多家长对于育儿方面的经验比我们要丰富。这个时候，我们就可以充分利用这部分家长的资源，请他们在家长会上交流、分享育儿经验。

案例1：邀请小学教师谈幼小衔接话题。

幼小衔接一直是家长比较关注的一个话题，特别是在大班阶段。班级中陈弈萱小朋友的妈妈是小学教师，学期初可以联系好，请这样的家长在家长会上给家长进行一个关于幼小衔接方面的讲座，使全体家长了解关于如何做好幼小衔接工作的知识，从而更有效地指导自己的孩子从生理、心理上做好入小学的准备。

2. 取长补短，为家长创造相互学习的机会

当家长遇到困惑，教师自己也没有能力解决的时候，教师千万不能视而不见，否则就会削弱你在家长心目中的地位。这个时候教师就可以“把家长抛过来的球反抛给其他家长”，请其他家长来帮助你解决这个问题，使全体家长能够从这部分家长身上学到有用的育儿方法，从而有效地指导自己的孩子。

案例2：家长谈成功的育儿经验。

如从平时的了解中，反映出很多家长对于如何培养孩子的语言表达能力存在着一定的困惑。针对这个问题，可以选择班上语言表达能力很强的小朋友作为典范，请他的家长在家长会上来给大家分享一下平时是如何培养孩子的语言表达能力的。

三、丰富活动形式，鼓励家长参与其中

1. 游戏引入（游戏分享，建议家长在家可与孩子玩趣味游戏）

以游戏“丢手绢”引入，告诉家长，一旦你进入班级的家长会，就要让自己的年龄倒退几十年。现在大家面对的是一群4—5岁的孩子，请大家放松心情，玩玩这个大家并不陌生的丢手绢游戏。待游戏结束时，教师可以乘兴对家长们说：“刚才大家玩得都挺开心，可以想象我们的孩子该有多么喜欢游戏，然而我们家长又和孩子玩过多少游戏呢？”游戏是孩子的基本生活方式，教师和家长都应该寓教育于游戏中，让孩子健康快乐发展。家长不要过分地追求孩子学了多少，让孩子过早地去认字和学拼音。游戏是孩子最喜欢的活动，孩子的童年应该是在游戏中度过。幼儿园的教育以游戏为基本活动，旨在开发孩子智力，培养兴趣与好习惯，寓教育于各种活动之中。游戏是对幼儿进行全面发展教育的重要形式，因此，我们幼儿园的教育形式是让孩子在玩中学、学中玩。（说明游戏的重要性）

通过参与游戏体验，让家长体验到原来玩游戏也富有如此多的教育意义，

比如注意力的集中、倾听能力的培养以及灵活的反应能力。有些家长通过合作活动感受到了团队力量带来的成功；有些家长则在小组交流中体验到正面教育对于孩子成长的意义。每个人有自身的优势和不足，请家长换位思考，我们的孩子也一样，要发展孩子的优势智能，包容孩子的不足，因为每个人有不同的强势、弱势智能，人各有长，在教育孩子时要因人而异，注重个体差异。

2. 以游戏为手段，为家长创设愉快轻松的交流氛围

以往我们在开展家长会的时候，很少有家长会主动参与发言或提一些建议。其实很多家长在育儿方面都有自己的一套经验，可是很多时候家长都觉得在全体家长面前发言很难为情。这个时候，教师应该积极地为家长创设一个宽松的氛围，运用游戏来调动家长参与的积极性，避免家长有尴尬的心理表现。

如“抢椅子”小游戏。

家长会活动前，请家长每人准备一个育儿经验或小知识，请家长在家长会中分享。当我请家长做自由介绍的时候，很多家长都不愿意主动发言。这个时候可以请家长来玩“抢椅子”的游戏，游戏中哪位家长没有抢到椅子就主动介绍自己准备的育儿经验、知识。

四、吸纳家长的反馈意见

活动结束后，教师要积极听取家长的意见，可以通过再次问卷的形式，例如请家长说说这次家长会上的收获，以及对于本次活动存在着哪些方面的不足、提一些建议等，来了解家长会是否成功，家长是否满意。通过问卷调查发现问题，以提高今后家长会的质量，也能够使家长感受到教师对于家长会的工作十分重视，用自己的实际行动感染家长，达到引起家长共鸣的效果。

第三篇 教育理论篇

追寻教育本质，凝练教育思想

幼儿园前期的办园理念是“一切为了孩子，为了孩子一切”，这一办园理念，旨在提示和号召教师关注孩子，重视孩子，以孩子为主体，彰显一种“全心全意为幼儿服务”的精神，但践行起来却很难做到。在两个“一切”中，“一切为了孩子”难做到，“为了孩子一切”做到难，其可以作为教师行动的参考标准，但不能成为行动指南。

当前，家长“望子成龙、望女成凤”的急功近利的教育观念尤为突出，导致“小学化”倾向依然严重，学前教育违背教育规律的失衡现象依然存在，给幼儿园造成了很大的压力，使很多幼儿园难以坚持正确的办园理念。如何解决教育生态失衡的问题？《国家教育中长期改革和发展规划纲要（2010—2020）》提出“办好每一所学校，教好每一个学生”，为每一个学生提供适合的教育。要实现这个目标，就要求我们敬畏规律、尊重规律、遵循规律，坚持教育的生态平衡。

我们经过不断摸索、不断实践，在集思广益、反复论证、形成共识的基础上，提出了“尊重规律，生态发展”的生态教育理念。关注幼儿的生命、生长，促进幼儿的和谐发展，实现教育教学的生态平衡。

生态教育是在以“幼儿为本”常态下的教育，是顺应自然的人性教育。它包含两层意义，一是遵循人性的自然发展；二是遵循教育的发展规律。“顺木之天，以致其性”是树木的大道；“天命之谓性，率性之谓道，修道之谓教”是树人的至理。我们强调以尊重和敬畏生命为起点，顺应人的自然本性，坚持自然、生态的教育，促进幼儿和谐健康发展。

经过不断梳理、凝练，逐步形成了幼儿园办园思想，并尝试让生态教育的理念和实践不断完善、落地、开花。

（1）办园理念：尊重规律，生态发展

强调教育以尊重和敬畏生命为起点，以幼儿为本，遵循人性的自然发展，遵循教育的发展规律，坚持教育的生态平衡，促进幼儿和谐健康发展。

（2）办园目标：让每一个孩子都能享有快乐童年

遵循幼儿的身心发展规律，科学合理安排幼儿一日活动，让教育回归本质，顺应幼儿天性，让每一个孩子都能快乐地度过童年时光。

（3）园风：尚德善美，求实进取

倡导追求高尚的道德情操、助人为乐，以及成人之美的道德情怀，遵循自然、本真的美，打造尚仁厚德、至善至美、求实进取的优良园风。

（4）园训：做最好的自己

强调以人为本，对每一个生命和未来负责，引导幼儿及教师充分挖掘自身优势和潜能，积极快乐地追逐自己的兴趣，发展成长为最好的自己。

践行教育理念，打造生态幼儿园

蒙台梭利强调“让教育回归自然、回归人性”，为践行生态教育的理念，我们从园所规划、文化建设、课程设置等都提出了一系列“生态化”的落实措施，将生态教育理念落实到幼儿园的各个方面和各个环节，着力打造生态环境、生态课程体系、生态家庭建设，推进幼儿园生态特色发展。

一、建设生态环境，发挥环境育人功能

我们重视建设生态式环境文化，努力通过物质文化的表现来凸显个性，发挥其感染力，让幼儿园的每一个角落、每一面墙壁、每一个物体都传达着文化，让孩子在任何地方都能够受到文化的感染与滋润，让孩子们能在幼儿园真正地感受到温暖，把幼儿园当作自己的家园。如在楼梯和走道墙壁上，挂着多幅具有艺术气息的儿童画，让孩子们受到艺术的滋养。同时，在走廊墙壁张贴“生活即教育、教育即生活、教学做三合一”“用心灵感受孩子的独特之处”等哲理名言，以此来激励、指导全体教职工，引导教师树立科学的教育理念。

1. 打造具有地方特色的园所文化

在幼儿园环境创设中利用优秀的本土文化资源，是幼儿园发展的必然要求。将优秀的本土文化资源和幼儿园环境创设教育活动相结合，将这些本土文化资源变成幼儿园环境创设教育的有效素材，在具体的幼儿园环境创设活动中实施，以此培养幼儿认知能力，陶冶幼儿情感情操，促进幼儿社会性发展，提高幼儿的审美情趣和审美能力，培养幼儿热爱家乡的思想感情。

《幼儿园教育指导纲要（试行）》（以下简称《纲要》）中明确提出，幼

儿园应为幼儿提供健康、丰富的生活和活动环境，满足他们多方面发展的需要，使他们在快乐的童年生活中获得有益于身心发展的经验。同时强调教师要引导幼儿充分接触生活中的美好事物和现象，丰富幼儿的感性经验和情感体验。选择教育内容时，要贴近幼儿的生活；组织实施时，要因地制宜，有创造性地利用本土文化资源。本土文化与幼儿的生活经验紧密相连，由于有熟悉的生活经验做知识储备，幼儿在思维、想象和实际操作中，都会拥有很大的发挥自我潜能的空间。

本土文化有着非常优秀的发展历史，其文化底蕴深厚，有很多值得推陈出新的地方。因此，在活动的过程中培养了幼儿的参与意识、自我意识、合作精神、集体观念和主人翁意识，增强了幼儿的责任感和自信心，使幼儿体验到参与环境创设过程的快乐，保证了环境创设发挥的教育功能。

台儿庄古城，地处苏鲁交界处。肇始于秦汉，发展于唐宋，繁荣于明清，有“天下第一庄”（清乾隆赐）之称，被世界旅游组织称为“活着的古运河”“京杭运河仅存的遗产村庄”，是国内文化最为多样的典型代表城镇之一。运河文化和大战文化交相辉映，赋予了台儿庄独特的文化内涵，使这座古城不仅成为展示运河文化的典型代表，更是一座民族精神的丰碑。在漫长的历史长河中，融合了鲁南苏北一带的风土民俗，形成了丰厚的地域传统文化资源。将这些优秀的文化资源植根在幼儿的内心并发扬光大，对孩子的未来发展意义深远。

我们充分发挥台儿庄大战故地、运河古城文化底蕴深厚的优势，创设体现江北水乡、运河古城特色的园所文化，使台儿庄本土文化与幼儿的生活经验紧密相连，贴近幼儿的生活。有熟悉的生活经验做知识储备，幼儿在思维、想象和实际操作中，都会拥有很大的发挥自我潜能的空间。在开展以“家乡美”为主题的环境创设教育活动中，以风俗习惯、民俗文化等为理论依据和活动素材，展开构思和设计，创设了系列化的环境教育活动。首先，我们发动家长和孩子搜集有关家乡特色的图片和物品，引导幼儿规划并设计班级环境，筛选出大家喜欢的内容进行班级环境创设。一些家长为了帮助孩子收集资料，趁着周末或假期，带着孩子去郊游，积累资料。孩子们在拿着收集来的照片或物品来到幼儿园时，个个都讲得头头是道，津津有味，然后兴高采烈地规划设计，进行环创。将台儿庄古城、运河湿地、冠世榴园、抱犊崮等地方名胜景点融入幼儿园环境，引导幼儿了解家乡，激发幼儿亲近自然、了解家乡、热爱家乡的兴趣和情感。

2. 打造自然和谐的生态环境

《纲要》明确提出："环境是重要的教育资源，应通过环境的创设和利用，有效地促进幼儿的发展。"为进一步探索将生态教育融入幼儿园园本化课程，提升办园水平，我们在原有基础上，不断扩充可供利用的教育资源，进一步优化幼儿园环境，满足孩子亲近自然、探索自然的愿望和兴趣，深化教师生态教育课程的实施，树立科学的儿童观、教育观，使教师成为追随儿童兴趣和需求的研究者，不断提高教师解读幼儿的专业水平，以此提升幼儿园生态教育的质量。我们通过绿化、净化、园林化、生态化，让幼儿园的一景一物及每个角落都在无声地"说话"，让孩子无论身在何处都能受到文化的熏陶，努力让物质文化凸显自然美，并发挥其教育功能，使幼儿园真正成为孩子们温暖的家园、幸福的乐园。

同时，重新规划、调整了户外游戏活动区，让户外活动区成为幼儿学习与发展的重要场所。本着一切为了幼儿的发展、传承发展中华优秀的传统文化，并结合幼儿园发展规划，开展多次现场教研，召开家委会和家长会征集家长建议，并尊重幼儿意愿，对游戏环境布局重新调整规划，在分配与利用户外活动空间时进行了相对的功能分区，创设适宜的游戏环境。如此一来，弥补了以往幼儿上肢力量活动、弹跳活动、走跑爬、平衡训练等运动的缺失，增设了户外攀爬区、弹跳区、平衡区、小山坡、骑行区、野战区、民间竞技游戏区、民间歌谣游戏区等。

北院打造了小山坡、泥池、水系、小树林、沙池等。蜿蜒曲折的小溪流，两座木质小桥横跨在溪流之上，溪流中畅游的鱼儿，这是最让孩子们流连忘返的地方；种植园里，孩子们亲手种下各种植物，并悉心照料植物的生长、开花、结果，和动物角、农家小院等浑然一体，植物园里的果实丰收了，孩子们采摘、清洗、烹饪、品尝；小树林里，各品种的果树供孩子观察、记录、采摘……南院宽阔的塑胶操场和各班独立的户外场地，设置了传统游戏区、建构区和足球场，有能让孩子们发挥想象力、凸显个性的涂鸦墙，有师生共同参与的特色走廊与文化墙。除此之外，开设了满足4个班级幼儿同时活动的综合性户外大型建构活动区、生活体验区、饲养区、沙池、泥池、水系、种植园、民间益智游戏区、徒手游戏区等户外游戏活动区等，满足幼儿喜欢多种探究的需求，重视在生活中的学习与发展。沙水区增加了玩沙架、沙漏、筛子、PVC管、水桶、压水井等沙水器械。这样一来，便形成了生态、自然且富有挑战的游戏环境，充分发挥了自然环境的育人功能，让师幼在生态化的环境中共同成长。

二、尊重幼儿需求，让幼儿成为环境创设的主人

在环境创设布局调整的过程中，引导教师倾听幼儿需求，倾听幼儿的心声，了解幼儿的想法，发现幼儿的智慧，明确幼儿是环境创设的主人，支持幼儿交流、讨论，给予幼儿在班级建设中的话语权与决策权，真正让幼儿拥有对环境的归属感。

在过去开展环境创设时，教师总是担心幼儿不行，做得不够美观，或是看到孩子未能达到教师设计的效果，便予以指责，从而大大地抹杀了孩子原有的创作想法，久而久之地服从教师安排，由教师包办代替，导致幼儿形成“被动式”参与，这就与先前所说的大不相同。因此，教师应当多支持、鼓励幼儿与环境互动，与教师互动，让幼儿在各种活动中自由地与环境充分接触，与环境产生亲近感。改变以往活动室墙面均由教师统一布置设计，只许看，不可触摸的做法，把环境放手交于幼儿，让他们根据自己的想法与需求选择展示自己的作品与所收集的材料。刚开始，或许会不尽如人意，但是教师首先要保持平常的心态，不要急于制止，而是先让幼儿参与尝试，给予支持和鼓励，帮助他们积累一定的布局和布置的技能、技巧，激发其自我建构环境的想法，以实现让幼儿自主创设环境的目标。

在户外活动区的改造中，我们充分考虑了幼儿的兴趣与发展需要。通过开放性的游戏环境、及时观察和回应、自由自主设计等支持策略促进幼儿在游戏

中的自主性发展，完成了基于幼儿兴趣与需要的环境创设。

三、建立平等、和谐的师幼关系

良好的师幼关系是教学活动宝贵的源泉，是创造优良的育人环境的润滑剂。而新型的师幼关系更应该是建立在师幼个性全面交往基础上的情感关系，它是人与人心灵的沟通，是师幼互相关爱的结果。对于一位幼儿园的教师来说，建立平等和谐的师幼关系尤为重要。和谐是一种境界，以教育自身的和谐促进个体和组织的和谐发展，以及社会的和谐进步，这种和谐不仅是人与自然的和谐，还是文化精神所倡导的人与人、人与社会的和谐。因此，营造宽松、和谐的环境氛围，建立和谐的师幼关系，建构和谐互动的亲近性环境，有利于促进幼儿身心健康发展。

1. 关爱幼儿

夏丏尊先生说得好："教育之没有情感，没有爱，如同池塘里没有水一样。没有水，就不能称其为池塘，没有爱，就没有教育。"只有热爱孩子，才能正确对待、宽容孩子所犯的错误，才能耐心地去雕塑每一名幼儿。教师只有把爱的雨露洒向每一名幼儿，使幼儿在心理上获得最大的满足，才能缩短师幼间的心理距离。

2. 转变教师自身观念

建立和谐的师幼关系，教师起着主导作用。作为教师，首先，应该不断学习教育教学新理论，转变旧有的教育教学观念，加强自身修养，扩展知识视野，提高师德素养和教育教学业务水平，以高尚的品格和过硬的素质感染幼儿、影响幼儿。其次，教师要修炼内在的人格魅力，努力完善自己的个性，使自己拥有热情、真诚、宽容等优秀品质，这是优化师幼情感关系的重要保证。

3. 尊重和信任幼儿

幼儿会因为教师的尊重和信任而变得信心倍增，精神饱满，积极主动。尊重和信任幼儿，可加速促进师幼间和谐关系的构建。总之，在贯彻新《纲要》的过程中，台儿庄区实验幼儿园教师坚持与幼儿平等对话，采用"轻声询问、大声表扬""与孩子一起游戏，做孩子的玩伴"等方式，营造良好的心理氛围，融洽幼儿与幼儿之间、教师与幼儿之间的关系，使幼儿在幼儿园中能放松学习、自主游戏。如结合疫情，鼓励幼儿从容地面对困难，鼓励幼儿做一个勇敢的人、做对国家有用的人、做一个积极向上的人，长大后要做一个为国家做贡献的人。整体而言，为幼儿营造一个积极健康的精神环境，建立互助合作的伙伴关系，从而促进幼儿在自由和谐、轻松快乐的气氛中生活学习。

构建生态课程，促进全面发展

2018年，全国教育大会指出：“培养什么人，是教育的首要问题。”教育的对象是幼儿，是活生生的人。幼儿园要培养什么样的人？怎样培养人？这是我们一直在思考并积极探索的问题。

生态课程作为践行生态教育思想的主阵地，要遵循人的“生命、生成、生活、生长、生存”成长法则，尊重社会发展规律。幼儿园文化的积淀，一草一木都是生态教育的课程资源。在生态教育理念的引领下，台儿庄区实验幼儿园实施生态教育，逐步建立了生态课程教育体系。

一、地方文化课程

为使幼儿感受风格多样的民俗文化，初步了解中华民族的个性特征和独特精神，萌发幼儿初步的民族意识和民族情感，台儿庄区实验幼儿园依托古城文化和运河文化，挖掘形式多样、具有鲜明的民族和地域色彩的传统文化，结合幼儿的一日生活，充分挖掘地方传统文化的优秀资源，积极开展民俗文化课程，极大地丰富了园本课程的内容。

1. 主题活动

选择优秀的传统文化内容有机地进行整合、渗透，如在大班上学期我们组织幼儿开展了“中国娃”的主题活动。通过《民族服饰》《有趣的汉字》《兄弟姐妹是一家》等故事了解中国传统文化背景；通过音乐《中国功夫》《大中国》、美术活动“京剧脸谱”，了解到京剧是中国的一种艺术表演形式，增加对中国传统文化艺术的亲和力。在一系列的活动中，感受中华传统文化作品的艺术魅力。根据幼儿阶段的心理特征与兴趣爱好制定合适的教学方法，促进幼儿科学全面发展，引导幼儿在各种传统活动中，体会传统文化氛围带来的快乐的同时，感受中国文化的内涵和中华优秀传统文化的魅力，实现对经典文化的传承与弘扬，通过文化精粹培养幼儿的品德。

2. 开展民俗节日“我知道”活动

将传统文化渗透到幼儿一日生活之中，使幼儿在每日活动中，时时处处都能感受、触摸传统文化，使传统文化教育更加生活化。

（1）开展春节、中秋节、端午节、重阳节等传统节日课程，孩子们在写春联、剪窗花、包粽子、舞龙灯、跑旱船等民俗活动中，体验传统节日带来的快乐，感受传统文化的熏陶。

（2）带领幼儿走进社区、名胜古迹，引导幼儿了解家乡台儿庄的自然风景、风俗习惯等乡土文化。

（3）将非遗文化——鲁南花鼓引入幼儿园。鲁南花鼓，是山东省非物质文化遗产，是一种独具山东鲁南地方特色的传统民间舞蹈形式。其产生于台儿庄运河两岸，广泛流传于鲁南、苏北地区，已经有200多年的历史，历经三代传承人。鲁南花鼓不但地方特色鲜明，接近生活，能够渲染节日气氛，而且能够体现出鲁南人民的秉性，以及浓郁的地方民俗、民风，深受老百姓的欢迎。它以山东大汉特有的粗犷、威严，融合了山东妇女的泼辣、柔美，形成一种刚柔相济、细腻奔放的艺术风格。我们聘请了鲁南花鼓的第三代传承人龙雪梅入园指导，引导幼儿感受其粗犷、奔放的艺术魅力，了解家乡环境蕴含着浓厚的乡土文化的同时，开拓幼儿的视野，激发幼儿热爱家乡的情感。

（4）传承、融合、创新经典民间游戏。民间游戏作为我国传统文化的一部分，其游戏内容贴近幼儿的实际生活，符合幼儿好模仿、好游戏的心理发展特征，而且简便易学、生动有趣，有着浓厚的趣味性和民间文化特色，非常适合在室内、室外，以及一日生活各环节中穿插进行。同时，组织教师和家长进行问卷调查，对散落的民间游戏收集、整理、筛选、创新、改编，引入幼儿园游戏活动课程。幼儿在民间游戏的过程中，自主游戏、自由探索、创新玩法，提高幼儿参与游戏的兴趣。

二、自主游戏

在自主游戏中，我们充分思考影响幼儿自主游戏的各种因素，创设科学多样的条件与环境，同时要做到“放”“导”结合，既要放开手让幼儿按自己的意愿，独立自主地选择游戏、参与游戏，又要正确引导，努力促进幼儿的自主性，注意培养幼儿的良好个性和习惯。同时，引导幼儿能释放自己的天性，根据自己的兴趣和需要，以快乐和满足为目的，自由选择、自主开展、自发交流，积极主动地开展游戏，在游戏创作发现和解决问题的过程中得到快乐和信心，从而提高幼儿的学习质量，促进幼儿综合素质的发展。如我们尝试全园开放游戏，初次尝试时打破班级限制，让全园幼儿自由选择区域、选择游戏材料。在开放一周之后，问题出现了：有些区域挤满了孩子，有些区域门庭冷落。于是，针对问题展开教研，根据孩子的需求，对于区域环境和游戏材料进行了调整，情况有了好转，扎堆现象大大改善。但新的问题也出现了，很多教师反映这种开放的游戏方式不便于跟踪观察。经过再次研讨后，调整了户外游戏的开展模式，采取班级轮流与全园开放相结合的方式，提倡打破区域，相邻区域的游戏材料可以整合使用。这样既便于教师跟踪观察孩子，又满足了孩子的游戏需求。

三、生活课程

“一日生活皆课程。”生活教育对培养幼儿学习兴趣，观察能力，好学好问、积极探索的精神，以及健康的情感等方面的作用，是不容忽视的。我们将饮水、就餐、整理衣物、收拾床铺、照顾动植物等一日生活中的环节与课程相结合，在淄博市实验幼儿园的经验引领下，不断探索和总结，更有效地发挥了生活教育的作用，探索出新路径和方法，培养幼儿的自主性和自我服务能力，促使其养成良好的生活习惯。很多已经从幼儿园毕业的孩子家长反馈，孩子在幼儿园三年，养成了良好的生活习惯，许多孩子在生活习惯方面比大人做得都要好。

建设生态家庭，形成教育合力

教育不是幼儿园单方面的责任，父母的言行习惯就是孩子学习的一本教材，家庭教育是非常重要的一方面。幼儿园有义务和责任指导并帮助家长树立正确的儿童观和教育观，为做好家园工作，我们以家园共建为依托，树立“服务幼儿、服务家长”的意识，努力做实、做细、做好家园共育，促进家园协作，形成教育合力。同时，我们制定了《家园共育方案与实施细则》和《家庭生态建设的指导意见》，通过家委会、家长学校、报告会、微信公众号、《致家长一封信》，以及印发宣传册等多种形式，宣传科学的教育理念，让家长转变观念，当好第一任教师，实现了家园和融，同频共振，台儿庄区实验幼儿园被评为枣庄市示范家长学校、枣庄市家庭教育工作先进集体。

一、完善机制，建立三级家委会

园级家委会下设管理组、助教组、安保组、膳食组四个小组，每学期定期召开家委会会议，交流研讨学期重点工作。如助教组定期开展家长进课堂活动；安保组开展“啄木鸟在行动”活动，帮助幼儿园检查设施设备；膳食组开展观摩食堂、参与制定食谱、品尝食物等活动。同时引导鼓励家长参与幼儿园管理，充分吸纳家长的意见和建议，加强幼儿园管理，促进双方的信任。

二、加大宣传力度，倡导科学育儿理念

多渠道、多形式开展宣传活动。通过印发宣传册、宣传单、一封信、现场解答、三六五平台、美篇、公众号、班级群等形式，定期调整更新相应专栏内

容，宣传科学教育理念和幼儿园、班级、幼儿各类活动，满足家长全面了解幼儿园工作的需求，引导家长树立正确的育儿观。利用每年的“宣传月”和“推普周”活动，向家长宣传先进的幼教观和科学观，使家长改变思想，科学育儿。

三、搭建互动平台，促进家园共育

（一）围绕“一车两轮、家园共育”的思路，结合幼儿园实际，开展“五定”“五建”活动

五定：定期召开家长会，每学期至少召开一次家委会会议、家长会，介绍园所、幼儿现状及保教并重，宣传科学育人的理念方法；定期举办“家长开放日”活动，邀请家长参加半日教育活动，并观摩幼儿活动，评价幼儿在活动中的表现，家园互相交流意见，达到共育目的；定期家访，教师对幼儿进行家访是家园共育的又一个途径，教师们根据实际情况有选择地走进幼儿的家庭，同时利用电话家访或重点个别家访等多种方式，与家长沟通，具体指导；定期推送科学保教知识，发挥公众号、家园联系栏、宣传栏、班级群、《致家长的一封信》等渠道窗口作用并且定期调整更新相应专栏内容，宣传科学教育理念和幼儿园、班级、幼儿各类活动，满足家长全面了解幼儿园工作的需求，引导家长树立正确的育儿观，让家长们都能得到不同程度的提高；定期召开家长座谈会、园长接待日，请家长及家委会成员对幼儿园工作提出意见和建议。

五建：建立“家园接送卡”，以最方便、快捷、透明的方式，充分交流信息，形成家园教育互动，便于及时有效地教育孩子；建立“家长园地”，开设“家长意见簿”“家园亲子栏”“家园直通车”等，公开幼儿园课程标准及教育教学内容，让家长及时了解幼儿在园的一日活动情况；建立“幼儿个人成长记录册”，为幼儿的因材施教提供依据，教师通过为幼儿收集档案，了解评估幼儿的生活习惯、思维特点、特长爱好、性格、能力以及弱点，同时为家长更加全面地了解孩子提供了素材；建立“家长接待日”，定时间、定地点，幼儿园把每月最后一周的周五下午2：30—5：00定为家长接待日，值班园长接待家长，尽量解决家长所想、所需，听取意见，面对面解决问题；建立“家长意见箱”，及时了解家长对幼儿园教师以及对学校教育教学工作、管理工作的意

见，便于改正不足，提高办园水平。

（二）创新家长工作“五字经”，变“希望家长做”为“指导家长做”，实现家园教育同向、同步

1. 以丰富多彩的活动为切入点，做实、做细家长工作

定期开展家长开放日、家长会、亲子游园、家长助教、家长志愿者参与等活动，促进家园沟通、互动，树立“发展孩子、成就教师、服务家长”的理念。通过幼儿每月主题活动引领家长，用细致的工作感动家长，获得家长的配合和支持，共同促进幼儿各方面的发展。如开展家长助教活动，家长助教活动是许多幼儿园挖掘家庭教育资源，形成家园共育的主要实践活动之一。在活动中，教师扮演好“发起者、组织者、参与者”的角色，探寻有效的指导策略，以保证家长助教活动的顺利开展。家长助教，可以让孩子发展社会性交往，增加生活经验，有助于全面发展。

2. 借助亲子活动，引领家长与孩子共同成长

向家长推荐优秀绘本，推送亲子游戏、亲子活动、节日主题、趣味打卡等，提倡家长与幼儿共同完成，充分调动家长参与幼儿园教育的积极性，树立正确的教育观念。

3. 利用家长资源，拓展幼儿活动空间

搭建家园共育平台，让家长真正融入幼儿园的活动中来，积极参与亲身体验，和孩子共享每一个活动所带来的快乐，促进幼儿健康快乐地成长，实现家园共育，幼有优育。探索家长职业教育是我们利用家长资源，实现家园互动的一项举措。我们通过对家长的兴趣、特长、工作性质等进行调研，根据家长特点，邀请部分家长到幼儿园和教师一起设计并参与活动，让家长心随园动。

幼儿园文化建设中生态教育的运用

文化建设不仅关乎个人的生活质量，更关乎中华民族的伟大复兴，是实现中国梦的重要内容。本文对生态教育的内涵和意义进行论述，并就我国生态幼儿园现状进行分析，对幼儿园文化建设中生态教育的运用给出了新的研究方向。

一、生态教育的内涵和意义

生态教育是指在幼儿园教育的过程中，按照一定的目标和计划，让幼儿对生态有更深的认识，并且知晓生态的意义和作用，从而养成保护生态环境的习惯。生态教育符合我国教育体制改革的要求，也符合我国生态文明建设的理念，能够引导幼儿形成一种正确的生态伦理观和价值观，从而实现生态、经济、社会的可持续发展。在幼儿园的文化建设过程中，既需要优化学校的内部设置与人员结构，构建适合生态教学的文化体系，同时也需要联合校外力量，如学生家长、社会公益组织等，为生态教学搭建一个广阔的平台，让学生在其中通过耳濡目染不断加深对生态环境的认识，增强生态意识，让学生成为生态建设者，推进我国的生态文明建设。

幼儿园生态教育对幼儿园文化建设有着重要意义，生态物质基础构建能够助推幼儿园的文化建设。幼儿园可以根据当地的风土人情，打造出具有代表性文化内涵的文化走廊等基础设施，这样既能够让幼儿感受本地风土人情，也能够让幼儿受到文化的熏陶，同时让幼儿了解家乡独特的人文景观，使幼儿的心灵得到滋润，将生态教育扎根在内心深处。因此，通过构建具有地方特色的文化走廊以及基础设施能够有效推进幼儿园的文化建设，并结合当地的人文底蕴，丰富幼儿园的文化建设，推动当地精神文明建设和生态文明建设的发展。

二、我国幼儿园生态教育现状

在我国，幼儿园大都装饰精美，地面铺装丰富多彩，装饰图案遍布每个角落，各类卡通形象能引起幼儿的极大兴趣，彩色塑料游乐设施是每个幼儿园的标配，幼儿园建设大同小异。这些幼儿园环境看起来费尽心思，打造了安全的幼儿学习场所，有些甚至不带户外空间，将幼儿绝对安全地留在教师的视线范围内玩要嬉戏，使幼儿成了笼子里的“金丝雀”。然而，安全有了，自我认识属性却丧失了。当今已经有很多的教育工作者和设计师们开始关注这个问题，立志改变这一现状。

三、生态教育促进幼儿园文化建设的举措

第一，打造生态园歌，推进幼儿园文化建设。幼儿园可以通过打造属于自己的生态园歌，让幼儿进行歌唱。园歌传唱的过程也是推进幼儿园文化建设的过程，通过这种园歌能够对幼儿园的孩子们进行内心的激励和号召，并且营造良好的幼儿园风纪。通过在园歌中融入生态教育理念和元素，能够使生态观念日渐深入地渗透到孩子的头脑中，从而使得幼儿园的文化建设变成具体的行动，不断向前发展。同时，要将生态教育真正落到实处。例如园歌中可以描写春天的景色，这样既能让幼儿们感受春天景色的生态美，又能使幼儿园文化得到有效的传承和发展。

第二，在幼儿园文化建设中凸显生态美。为了推进幼儿园的生态文化建设，要改善基础设施，使得幼儿园的环境更加绿化、美化、亮化。这样幼儿感受到一景一物的美好，就会增强对幼儿园的热爱，热爱自己生活和学习的家园。因此，要将幼儿园的基础设施不断完善，例如将大门、走廊等进行绘画装饰，这样既能让孩子们感受到艺术的魅力，同时也能找到情感上的归宿。尤其是建立一些游玩的场地，适当摆些花草，让孩子们在户外进行嬉戏玩要，这样既能够放松孩子们的心情，同时也有利于开展文化教育，让幼儿园充满文化氛

围。要对幼儿园的空间环境以及各种设施进行科学合理布置，让幼儿进行自由的操作或者是灵活启用各种设备和材料，让每一个角落或是每一面墙壁都充满生态文化气息，传递生态教育理念，让幼儿受到良好的熏陶。例如，可以让幼儿和家长一起植树、栽花、种草等，这样既能够让孩子们体会到参与劳动的快乐，同时也能够改善环境，让孩子们在一个生态优美的环境中健康快乐地成长。

第三，强化幼儿园制度建设，创造生态美。幼儿园的科学管理离不开制度建设，为了凸显幼儿园的生态美以促进生态教育，需要一定的制度保障。要针对校园生态保护、文化建设以及相关活动的开展，制定科学完善的规章制度，从而有效规范幼儿园各种活动的开展，尤其是保证幼儿园良好的园风，让幼儿园的孩子在一种充满绿色、阳光、友爱和关怀的环境中成长。另外，通过建立秩序和规范，让幼儿懂得保护生态环境，保护幼儿园的自然景观，促使幼儿养成保护环境的意识和习惯，进而推进生态教育，确保幼儿园的生态教育以及文化建设真正落到实处。

生态教育作为一种先进的教学理念，重点在于培养幼儿的生态意识，教育幼儿能够从小就爱护、保护生态环境，长大以后为我国生态建设贡献力量。而幼儿园文化建设也就是让幼儿受到良好的文化氛围的熏陶。所以，生态教育对于幼儿园开展文化建设具有重要的影响，两者相辅相成。因此，要在幼儿园文化建设中凸显生态美，并通过制度建设来创造生态美，完善生态教育课程的建设，进一步强化生态美，最终实现幼儿园文化建设和生态教育的双赢。

幼儿园环境的合理创设与有效利用的探索与实践

2018年12月，我们申报了山东省教育学会教育管理研究专业委员会（幼教）“十三五”的研究课题——“幼儿园环境的合理创设与有效利用的探索与实践”，经过两年的实践，积极发挥全体教师、家长和幼儿的集体智慧，通过调查研究、集体教研和分组教研等方式相结合，充分利用幼儿园空间，师幼和家长共同创设适宜幼儿发展的环境氛围。主要以传统游戏为主的幼儿自主游戏的环境创设，充分利用幼儿园的室内外空间，创设合理的游戏环境氛围，提高幼儿自主游戏的兴趣，以此作为我们研究的主要方向。本报告从问题的提出、课题的研究目的、问题陈述、研究方法、发现和结论等方面进行总结，与此同时，突出课题研究的创新和亮点，随着课题研究的深入发展，教师的专业素养和研究方法发生了根本性变化，取得了较大的研究成果，为幼儿提供了促进幼儿发展的适宜环境。

一、有关概念、研究背景及研究意义

幼儿园环境是幼儿园教育赖以进行的一切条件的总和，包括物质环境与心理环境两部分。物质环境指幼儿园教室、寝室、活动室、户外活动地等场所的教学设施、用具的布置，以及幼儿园外的家庭、社会、自然的大环境；心理环境指幼儿园的人际关系及一般的心理气氛等，具体体现在教师与幼儿、幼儿与幼儿、教师与教师间的相互作用、交往方式等方面。

（一）研究背景

幼儿的健康成长，离不开环境和教育的相互作用，其中环境在幼儿的发展中发挥着重要的教育价值。幼儿心理学研究表明，对于3—6岁的幼儿来说，不具备成人对环境具有的那种选择、适应、改造的能力，这决定了幼儿对环境具有广泛的接受性和依赖性。如何更有效地利用环境来教育儿童，激发幼儿的活动动机，促进儿童的全面发展，已经成为现代幼儿教育家所重视的教育研究问题。幼儿园是幼儿生活的重要环境，创设一个科学的幼儿园教育环境就显得尤为重要。

《幼儿园教育指导纲要（试行）》（以下简称《纲要》）中指出：环境是重要的，应通过环境的创设和利用，有效地促进幼儿的发展，以及幼儿园的空间、设施、活动材料和常规要求等应有利于引发并支持幼儿的游戏和各种探索活动，有利于促使幼儿与周围环境之间积极的相互作用。如何将《纲要》中，幼儿教育学、幼儿心理学有关环境创设的新理念渗透到幼儿教育的过程中，是大多数幼儿教师所缺乏的。因为理念的滞后，在创设良好育人环境的过程中，容易导致一些不适合幼儿年龄特点和心理特点的教育行为。

同时，教育环境作为一种“隐形课程”，还能促进幼儿的社会化发展，促进幼儿的个性和谐发展，给孩子一个空间，让他自己去观察、创造、解决、探索、竞争。审视当前台儿庄区实验幼儿园在环境创设方面存在着许多方面的不足，如环境创设内容上追求精致美观，缺乏教育性；布置的形式上单调，缺乏多样化；半年搞一次环境布置，固定的多、变化的少，普遍存在着一劳永逸现象，失去了环境育人的教育功效；存在着教师从设计到制作布置全权包办，缺少环境与幼儿的互动；户外很多场地没有利用起来等。整体而言，很多环境创设是从成人的设想和愿望出发的，没有考虑到幼儿的兴趣、需要和现有发展水平，因而失去了环境影响和促进幼儿发展的教育价值。我们反思自己的教育实践，进行自我质疑：“我们为幼儿提供的环境，真正满足了幼儿多方面发展的需求吗？”“我们的物质环境是否有利于引发、支持幼儿的游戏和探索活动？”“是否使幼儿与环境之间发生了积极的相互作用？”基于以上这些问题，研究幼儿园的合理环境创设，有目的、有计划地创造一个整洁、优美、实用、适宜，具有较强教育价值的幼儿园环境，使之能激发幼儿的热情，与幼儿产生有效的互动，使环境成为“会说话”的环境，成为幼儿展示自己的舞台，达到以美培智、以美辅德、以美育诚的目标，辅助幼儿健康成长，从而发挥其教育作用，体现环境的价值。

（二）研究意义

通过幼儿园环境与幼儿互动的研究，改变教师观念，不包办代替。尊重幼儿的兴趣、需要和现有发展水平，以主人的身份参与到环境创设中来；探索创设平等、宽松、和谐的环境，为幼儿提供适宜、适度的各类材料；提供足够的、开放的时间和空间，以支持和引导幼儿积极与环境互动。基于以上，促进幼儿感知力、观察力、想象力、思维能力、口语表达能力、动手操作能力，以及个性的和谐发展。

（三）研究内容

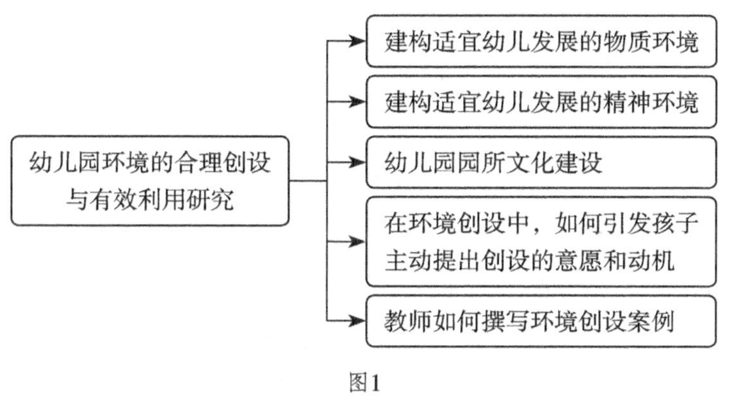

图1

二、主体部分

（一）研究问题

1.课题研究的目的

（1）更新观念，正确理解幼儿园游戏环境创设的价值和意义。

（2）通过合理布局、材料投放、师幼互动等，创设适宜幼儿自主发展、以民间游戏为主的环境创设。

（3）提高教师规范科学的教科研素质，在不断的反思中提高经验总结与分析调整的能力。

2. 研究意义和价值

（1）理论意义

幼儿园游戏是幼儿园教育的重要组成部分和基本活动形式。《纲要》中明确指出“幼儿园教育应尊重幼儿的人格和权利，尊重幼儿身心发展的规律和学习特点，以游戏为基本活动”“应因地制宜地为幼儿创设游戏条件”。《3—6岁儿童学习与发展指南》中强调：“幼儿园应多为幼儿提供自由交往和游戏的机会，鼓励他们自主选择、自由结伴开展活动。”同时指出“要珍视游戏和生活的独特价值，创设丰富的教育环境，合理安排一日生活，最大限度地支持和满足幼儿通过直接感知、实际操作和亲身体验获取经验的需要”。

丰富多彩的游戏不仅可以促进幼儿身心健康发展，而且能增长幼儿的知识，发展智力。而传统的户外民间游戏，同样也给他们带来了许多童年的快乐。因此，我们充分利用幼儿园空间，创设生态、具有浓郁的地方特色、适宜幼儿发展的民间游戏环境，支持和引导幼儿根据自己的意愿和能力，主动地进行操作、探索、交往和表达，在传统文化环境的熏陶下，轻松愉快地开展游戏，充分发挥其想象力和创造力，对幼儿的全面发展有着重要的意义。

（2）实践价值

① 在创设幼儿自主性发展的游戏环境过程中，进一步合理规划、整合现有资源，优化游戏环境，切实为幼儿营造安全、童趣、平等、互动的教育环境。

② 探索引发幼儿主动参与环境创设，建构创设意识的内容、途径和指导策略，以促进教师与幼儿、幼儿与环境的互动，萌发幼儿积极、主动的学习态度。

3. 研究假设

幼儿园环境包括：物质环境与精神环境两部分。其中物质环境是指幼儿园园舍、各类设施设备、教室、寝室、区角、墙面、户外环境，而精神环境包括校园文化、师生关系、生生关系、家园关系等和谐温馨的精神氛围。

本次台儿庄区实验幼儿园主要以传统游戏环境创设为主要研究对象，通过制订实施方案和切实可行的研究计划，从物质环境到精神环境，全体师幼和家长共同参与，根据幼儿的特点和需要进行环境创设，激发幼儿参与游戏的兴趣，促进幼儿能力的发展。

4. 研究的核心概念

（1）幼儿园环境：幼儿园环境既是幼儿的生活空间，又是游戏和学习的空间。空间背后的理念会影响幼儿的能力发展、行为习惯与思考方式。台儿庄区实验幼儿园坚守环境创设中的儿童化，明确“园本资源利用效应最大化、周边资源发掘利用适宜化”目标，分别从空间布局调整，游戏环境、心理环境优化等方面进行一系列探索与实践。因此，幼儿园要提供健康丰富的生活和活动环境，满足幼儿多方面发展的需要，使他们在快乐的童年生活中获得有益于身心发展的经验。

（2）环境创设：是指以促进幼儿主动发展为目标的，在幼儿、教师、家长等共同参与下，教师根据教育的要求及特点，有效地调控环境中的要素。维护环境的动态平衡，对幼儿的活动环境进行改造、影响和美化，使之始终保持在最适合幼儿发展的状态。主要包括创设良好的物质环境和精神环境两个方面，物质环境包括物质条件与设施，精神环境指教师和幼儿之间所构成的教育氛围及人际关系。幼儿园的户外游戏环境，是幼儿在幼儿园生活不可或缺的活动环境，是提升幼儿园户外游戏质量的保障，也是幼儿园课程的组成部分。它彰显了幼儿园保教活动的特色，科学地为幼儿创设了户外游戏环境，是促进幼儿身心健康发展的重要内容。

（3）有效利用：充分挖掘幼儿园有限空间的利用率，将活动室、过道、走廊、阳台、操场、树下、草地等室内外空间，进行整体规划，全体师幼和家长共同参与，精心设计，充分利用墙面、垂挂、地面的三维空间。根据教育的要求及幼儿特点，有效地调控环境中的要素，使之始终保持最适合幼儿发展的状态，营造浓厚的教育氛围。

（二）研究背景和文献综述

1. 研究背景

游戏是幼儿的天性，也是对幼儿进行全面发展教育的重要形式。游戏活动对幼儿来说更是充满了吸引力，是幼儿园教育和幼儿生活中不可或缺的内容。环境作为幼儿园教育的一项重要资源，要求教师不仅要创设适宜的游戏教育环境，更要充分利用好这一教育资源，促进幼儿的发展。《纲要》中明确提出："环境是重要的教育资源，应通过环境的创设和利用，有效地促动幼儿的发展。"埃里克·纳尔逊提出，"所有室内活动，都可以在室外完成，而且室外能做的事情还要更多一些""室外和室内空间共同构成了一个完整的学习环境"。近年来，随着人们对环境认识的不断深入，幼儿园环境作为一种隐性课程越来越受到重视。

我园前期借助本土资源开展了民间游戏的初步探索和尝试，收集整理了丰富的游戏材料和素材，如踢毽子、跳皮筋、跳绳等，通过对民间游戏的收集、筛选、整理、改编、创新、整合，拓展户外民间游戏环境和材料，丰富幼儿户外活动的内容，大大提高了幼儿参与户外游戏活动的兴趣。教师们也能够积极参与户外民间游戏的环境创设的研讨、改造，对支持幼儿发展、游戏材料投放等方面有了新的认识，教育理念有所提升。但仍然存在一些问题：第一，教师的观念尚未转变，目前在游戏中仍然是"导"的居多，给予幼儿自主选择游戏和材料的机会还是很少，仍然存在高控状态；第二，环境设施不足的现象凸出，制约了民间游戏融入幼儿园活动落地实施。那么如何有效利用幼儿园环境，创设适宜幼儿发展的环境，将民间游戏融入幼儿园课程之中，支持孩子自己选择材料、选择游戏、自主游戏。由此，我们结合环境创设以及民间游戏开展的实际情况，确立了"幼儿园环境的合理创设与有效利用的探索与实践"这一研究课题。

我们主要研究探索自主游戏环境创设与课程、教学、幼儿、家长之间的多元互动，实现环境与幼儿的"对话"。鼓励幼儿、家长亲手参与环境创设，在整个过程中，更新教师、家长观念，帮助幼儿通过观察、构思、动手，获得新知识，促使其动手能力和创造性得到发展。

2. 理论基础

《纲要》指出："环境是重要的教育资源，应通过环境的创设和利用，有效地促进幼儿的发展。"环境作为幼儿园教育的一项重要资源，在《纲要》中被提到较为重要的地位。它要求教师不仅要创设，更要充分、有效地利用好

“环境”这一教育资源，从而促进幼儿的发展。在新课程条件下，环境的教育价值显得更为突出，而环境创设的过程，我们应该把重点放在引导幼儿产生与环境互动的效应上。它既反映了幼儿的生活、经验，以及幼儿在家庭和社会中所受的环境的影响，也凝聚了教师对周围环境及幼儿的充分理解。

3. 相关研究成果

经过课题组成员和全体教师的共同努力，多次召开家委会和家长会，组织教师进行现场和集体教研，立足实际，做好整体环境的规划，师幼共同设计，体现幼儿作为环境的主人，主动参与到环境创设中，并注意收集整理相应的图片和文字资料。

通过阅读专业书刊、外出学习、与同事讨论、网络资源等形式进行学习，撰写科研论文，提高课题组成员和参与研究教师的理论水平和实际科研能力。在研究的过程中，我们注意资料的收集整理，把研究心得、阶段成果和总结、科研日志、研究案例等材料进行收集提炼总结，达到经验分享、反思提高的目的，并撰写研究总报告，完成结题工作。

（三）研究程序

1. 研究设计

本课题按照“文献查阅—座谈了解—调查分析—确定研究问题—制订方案—理念形成—实践研究—总结分析—撰写报告—鉴定结题”的研究思路开展研究，整体规划和创设幼儿园环境，重点从创设民间游戏环境、材料的投放，并结合民间游戏的地方性、趣味性、教育性、灵活性等特点，对散落的民间游戏进行收集、整理、筛选、创新、改编，引入幼儿园的活动课程，并在实践中师幼共同探索开展民间游戏的玩法和组织形式，以及具体玩法。在不断实践、反思的基础上，开设游戏环境创设活动的园本课程，并撰写环境创设案例，促进民间游戏玩法的创新，从而真正意义上达到师幼共同成长的目的。

2. 研究对象

本研究以民间游戏为主要载体，将民间游戏融入自主游戏活动环境中，创设适宜幼儿发展的游戏环境，并尝试以此支持幼儿自主参与民间游戏活动，其主要研究内容包括：

（1）重点探究创设支持幼儿自主性发展的生态可持续的游戏环境，引导幼儿自主选择游戏、选择材料，支持幼儿发展，并根据游戏需要能主动提出创设的意愿和动机。

（2）在实践中不断研究和探索游戏的组织形式和具体玩法，使游戏的开展更具有系统性、层次性，满足不同年龄段的幼儿需求。

（3）研究如何建构适宜幼儿发展的物质环境、精神环境、园所文化，以及如何充分利用自然资源进行环境创设。

3. 研究方法

（1）文献研究法：通过查阅国内外文献资料、教育教学书籍，利用文献检索的方法，通过信息技术等手段，从网络、报刊等媒介尽可能多地搜集并总结当前幼儿园户外游戏环境创设的研究进展，了解该领域的发展现状和趋势，以及环境创设的方法、原则和手段，为本课题提供充分的理论基础。文献研究法的应用主要是为课题组的成员在进行接下来的工作中能做到有相应的理论指导，从而为本课题的顺利进行奠定基础。

（2）问卷调查法：在进行本课题之前，利用调查问卷的方式征求意见和建议，向全体家长和教师调查幼儿自主游戏环境创设的设想。在本课题研究中，问卷调查法的应用主要是为了获得环境创设和充分利用在幼儿园实施的情况，为本课题的研究提供现实基础，使课题接下来的研究有更加清晰的方向，让课题的研究成果具有更广泛的应用性。

（3）行动研究法：根据问卷调查的结果和先前的文献，设计研究实施方案和计划，通过各种活动（体育活动、区域活动、自由活动、亲子游戏、社区活动等）不断实践研究，以客观、科学的态度实施课题计划并不断地调整、完善计划，在实践中不断反思、筛选、调整、改进，让课题的研究成果能够在实践的过程中得到完善。

（4）归纳演绎法：根据课题实施方案在实践中出现的效果和问题采用记日志和案例分析等形式，真实客观地记录并研究课程内容的实施过程，进行整理、提炼、归纳、总结，使之系统化、理论化。除此之外，还要在总结和归纳之前的成果的基础上，为进行下一步的研究指明方向。在本课题研究的过程中，归纳演绎法的应用能够对课题研究过程中出现的情况进行合理的归纳分析，让课题研究的成果更具有条理性，能够更加清楚地反映课题研究的进度和改进方向。

4. 技术路线

本课题的技术路线：文献查阅—座谈了解—调查分析—确定研究问题—制订方案—理念形成—实践研究—总结分析—撰写报告—鉴定结题

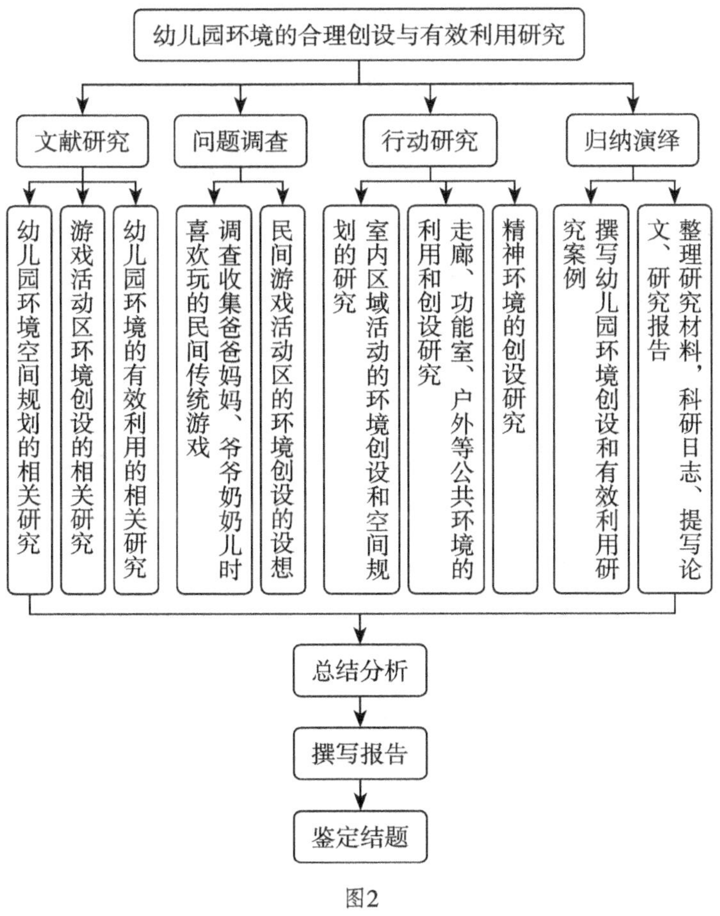

图2

（四）研究发现或结论

1. 创设室内适宜环境，发挥育人功能

《纲要》指出：“幼儿园的空间、设施、活动材料和常规要求等应……有利于引发、支持幼儿与周围环境之间积极的相互作用。”幼儿活动室是幼儿在园学习与生活的重要场所之一，如何利用有限空间支持幼儿的持续发展，室内空间资源的划分与利用水平起着重要作用。

重视幼儿的需求与意愿，利用室内的三维空间：“爱家乡”的主题墙（板）、悬挂的幼儿作品、地上幼儿常规布置，以“爱祖国、爱家乡”作为主题，每个楼层分别以“台儿庄区古城”“枣庄市”“山东省”“中国”的名胜古迹和特色在幼儿园展现，为了让孩子在幼儿园可以看到自己家乡的特色，经过家长和幼儿的共同努力，搜集有关家乡特色的图片。同时，根据班级幼儿的设计和规划，筛选出大家喜欢的内容进行班级环境创设，进一步激发了幼儿爱家乡的情感。

区域活动的开展作为幼儿发展、教师专业提升的场域，这也是幼儿学习与生活环境改造的第一个重点。于是，台儿庄区实验幼儿园开展了室内区域设置优化专题研究，区域设置经历了三次大的调整，先全园设计评比，选出试点班级，再全园普及。每个年龄段分别选两个试点班级，经过观摩教研改进后再完善，完善后再全园普及。环境创设每一次的调整和材料的充实，变化的不只是空间的分配与利用，更多的是教师观念的转变，以及满足幼儿对空间的掌控感、环境的归属感和材料的操作感。

在室内空间布局调整的过程中，注重引导教师倾听幼儿的需求，发现幼儿的力量，组织教师将自己的做法与同轨班级的做法进行比较研究，明确幼儿是班级的主人，真正让幼儿拥有对环境的归属感。因此，我们引导教师倾听幼儿的心声，支持幼儿交流、讨论，了解幼儿的想法，发现幼儿的智慧，给予幼儿在班级建设中的话语权与决策权。根据幼儿的特点和需求，每个班级创设了温馨、整洁并充满童趣的区域环境。同时，构建合理的空间布局，将榻榻米的被褥收起来，在榻榻米上进行建构活动，把固态的墙面变成动态的主题展示板等，处处发挥环境育人的功能，并增加我们的活动游戏场地，把材料放在幼儿随手就能拿到的走廊、窗台、门厅等地方，方便幼儿随时随地进行游戏。

2. 规划创设公共环境，促进幼儿发展

如何借由合理的规划和安排将更多的功能元素融入空间环境？这是一门学

问。在公共区域划分过程当中，我们充分认识到幼儿对空间要求的重要性，让一方小天地引发、支持幼儿的主动发展，这既是初衷，也是归宿。

我们结合实际需要对园所公共环境空间的规划进行了调整优化，重点支持"经验平衡""多样化探究""自主化游戏"。在对公共空间的规划与设计中，台儿庄区实验幼儿园经过现场教研，结合专业设计力量、幼儿需求分析，展开了多番规划研讨、实地勘察、试用反馈、改造完善等，使园所基础资源得到了最大化的运用。

（1）大厅走廊楼梯：课程、文化等展示的综合通道

幼儿园的大厅彰显了"让传统游戏重放光彩，把快乐童年还给孩子"的传统文化积淀，体现了传统文化进校园的精神理念，是家长、幼儿进行沟通倡议，收集有关民间艺术品和传统游戏材料，令他们流连忘返的重要场所。台儿庄区实验幼儿园将大厅打造成既是民间传统文化的展示区，也是师幼和家长进行传统游戏活动的体验区，更是幼儿自主、互动学习成长的动态空间。在这里，幼儿和家长可以感受到传统文化的氛围，可以随时停下来稍作休息或进行亲子游戏活动。

走廊和楼梯的设计以"爱祖国、爱家乡"为主题，一楼的地方特色美食；二楼的地方特色的纸艺、布艺等；三楼的经典国粹（青花瓷、京剧脸谱、旗袍等）。楼梯环境布局的中国传统节日、二十四节气、民间手工艺品、传统游戏活动图片、世界之最等，无一不体现出家乡的美和国家文化的博大精深，有利于增强幼儿的爱国之情，也推动了幼儿自主游戏、学习的积极性。

（2）专用活动室：儿童学习与生活的特色阵地

室内空间大小的局限或多或少对幼儿在一些领域的实践与探索造成了制约。如何最大化地发挥专用活动室的效能，将它们独特的资源价值与室内活动形成有机互补与渗透，成为幼儿在园学习与生活的重要场所是一个突出的话题。

充分剖析了室内活动开展的状况，研究了典型活动的价值，广泛调查了幼儿的意愿，通过教研，分别设置了幼儿绘本阅览室、科学发现室、角色体验区、幼儿木工坊、美术室、幼儿舞蹈房等室内专用活动室，经过一段时间的实

践与探索，这些区域已经成了幼儿发展、园所课程建设的特色场所。

在科学发现室里，幼儿萌发出探究、了解大自然等各种现象的兴趣，积累植物栽培管理、科学小实验及小制作等早期科学经验，发展自我创造力和思维力。角色体验区是深受幼儿喜欢的区域，幼儿能参与资源师、医生、泥工、编制等活动，体验各种角色的工作和活动情况，享受同伴之间交流沟通的快乐。

幼儿期是最具想象力、表现力、创造力的时期，美工是幼儿最喜欢的活动之一。班级美工区相对较小，难以满足玩色、制作等大规模的美术活动，因此美术室就成了很好的补充空间。此外，台儿庄区实验幼儿园在三楼的楼梯口旁边还用心创设了绘本阅览专用室。根据幼儿的喜好设计了温馨的软阅读区，以满足幼儿的需求。

在征求幼儿意见的基础上，共同打造了幼儿木工坊。木工坊不仅是一个神秘、有趣的地方，更是一个学习与发展的空间。在木工坊，幼儿从认识工具到学习使用基础工具、从学习钉钉子到尝试连接木件、从做简单的挂钩到做桌子与凳子……他们的认知和能力在层层递进。

（3）户外活动区：幼儿学习与发展的重要场所

我国本着一切为了幼儿的发展、传承发展中华优秀传统文化的原则，并结合幼儿园发展规划，开展多次现场教研，召开家委会会议和家长会，集中征集家长建议，并尊重幼儿意愿，对游戏环境布局重新调整规划，在分配与利用户外活动空间时进行了相对的功能分区。幼儿园投资近50万元从多方面为幼儿创设适宜的环境创设。

一是从健康角度弥补了以往幼儿上肢力量活动、弹跳活动、走跑爬、平衡训练等运动的缺失，增设了户外攀爬区、弹跳区、平衡区、小山坡、骑行区、野战区、民间竞技游戏区、民间歌谣游戏区等。

二是满足幼儿喜欢多种探究的需求，重视幼儿在生活中的学习与发展，开设了满足4个班级幼儿同时活动的综合性户外大型建构活动区、生活体验区、饲养区、沙池、泥池、水系、种植园、民间益智游戏区、徒手游戏区等户外游戏活动区等，改造了开心农场、泥池，并将泥池内挖出来的不能用的泥土沙石堆积成小土坡，同时紧跟幼儿活动的需求，进行二次改造，加长、加高了土坡，使其成为幼儿更喜欢的“小山坡”。园内的沙水区，增加了玩沙架、沙漏、筛子等玩沙工具；PVC管、水桶、压水井等玩水器械和滑索，最大化地放大沙水区的活动乐趣；在“开心农场”种植园里，幼儿可以亲自去体验翻土、播种、施肥、收获……该区域弥补了城市幼儿种植活动的缺失，丰富了幼儿生活课程的内容，让幼儿体验到生活活动的乐趣。

三是为了弘扬传统文化进校园，挖掘中国传统民俗文化的民间游戏资源，如：跳绳、推铁环、跳皮筋、竹竿舞、踩高跷、空竹、跳绳、陀螺、画架、龙狮、旱船等。组织幼儿共同设计、动手创设了自身喜欢的传统游戏环境，创设了浓郁的民间游戏氛围。同时，倡议家长和幼儿一起寻找、筛选，以图配文的形式把相应的民间游戏展示在活动区内，激发幼儿游戏的兴趣，并根据图片提示进行游戏，大大增加了幼儿游戏的积极性和主动性，并且在游戏的同时创造性地开发游戏，还利用各种器械编排了丰富多彩的传统游戏操，幼儿随着欢快的音乐，快乐地进行集体游戏，从而促进幼儿的身心健康发展，并促使其了解传统民间游戏的文化特质与教育意蕴。

四是充分利用教学楼的外墙、公共走廊过道等区域创设了涂鸦区、游戏长廊等户外公共活动区，并投入相应的活动材料和器械，师幼共同创设了幼儿喜欢和能够提高参与游戏兴趣的环境。

3. 营造宽松、和谐的心理环境，建构有利于互动的亲近性环境

幼儿园心理环境主要包括教师与幼儿、幼儿与幼儿、教师与教师之间的关系。由于幼儿在心理上具有向师性，教师的一言一行对幼儿而言都将有潜移默化的影响。因此，只有为幼儿提供一个平等、安全、自由，能鼓励探索与创造的精神环境，他们才能活跃思维，并主动、自信地在与环境互动中学习和游戏。

形成平等、和谐的师幼关系。以往教师总是担心幼儿不行，做得不够美观，或是看到孩子未能达到教师设计的效果，便给予指责，从而大大地抹杀了孩子原有的创作想法，久而久之地服从教师安排，由教师包办代替，导致幼儿形成“被动式”参与。这就与先前所说的大不相同。因此，教师应当多支持、鼓励幼儿与环境互动，与教师互动，让幼儿在各种活动中自由地与环境充分接触，与环境产生亲近感。改变以往活动室墙面均由教师统一布置设计，只许看，不可触摸的做法，把环境放手交于幼儿，让他们根据自己的想法与需求选择展示自己的作品与所收集的材料。刚开始，或许会不尽如人意，但是教师首先要保持平衡的心态，不要急于制止，而是先让幼儿参与尝试，给予支持和鼓励，帮助他们积累一定的布置的技巧，使其发展成为具有自我建构环境意识的主体，以实现让幼儿自主创设环境的目的。例如大班的“小动物过冬”主题活动实施过程中的主题环境创设。首先采用了启发性语言，根据主题的内容，引导幼儿观察幼儿园周围的环境是否需要变化一下，从而提出新问题：空白的主题墙面应该怎么布置呢？孩子们争先恐后，表示都乐意当“小小设计师”，参与布置环境，顺而推之，又将创设宗旨抛向孩子“天气变冷，小动物怎样过冬？”孩子们随即积极展开讨论：“给动物做个房子吧，放上棉被、吃的东西，小鸟要住在树上，小熊要住在树洞里……”教师对幼儿的奇思妙想给予了肯定和赞扬，这样，让孩子在初期学习围绕一定的主题进行讨论与设计，以逐步建构创设意识，积累经验。孩子们忙得不亦乐乎，结果有的设计了不同形状的几何图形；有的设计了不同种类的房屋造型；还有的找来了树枝、绳子……但是主题墙的版面毕竟有限，如何将所有幼儿的智慧和想法展示出来？通过讨论寻求解决的方法：将孩子所说的记录于自己设计的绘画纸上，并张贴在作业墙上，多的话可以做成幼儿的绘画本等，并将活动延伸到室外的建构区、涂鸦区、亲子活动中进行。几天下来，主题结束，教师以美篇的形式总结孩子们的成果，在幼儿与幼儿、幼儿与家长之间相互交流、分享，这便是孩子们最纯真、最朴实的表现。

建立互助合作的伙伴关系。教师与幼儿在与环境的互动过程中共同探索、解决问题，遇到困难时互相帮助、互相合作，才能推动各项活动的深入开展。如通过“幼儿生活体验区”与“农家小院”“动物角”“工具区”“小农场”等活动区之间的相互联系、共同合作，帮助同伴开展“种植、收获、制作、品尝、体验、交流”等系列活动，在如此宽松的氛围中，孩子们相互合作、相互协商，使游戏在自由和谐、轻松快乐的气氛中忘我地进行！

因此，在贯彻新《纲要》过程中，教师坚持与幼儿平等对话，采用“站着观察、蹲下指导”“轻声询问、大声表扬”“与幼儿一起游戏、做孩子的玩伴”等方式，营造良好的心理氛围，融洽幼儿与幼儿之间、教师与幼儿之间的关系，使幼儿在幼儿园中能放松学习，自主游戏。并利用本次疫情，鼓励幼儿做一个勇敢的人、做一个对国家有用的人、做一个积极向上的人等，使幼儿可以从容地面对困难，长大后要做一个为国家做贡献的人，为幼儿营造一个积极健康的精神环境。

（五）分析和讨论

两年来的实践研究，课题组全体成员以及幼儿园全体幼儿、教师和家长共同参与研究，创设了充满生态、传统、挑战、探索的幼儿园氛围，开展了幼儿自主性游戏活动，真正做到了“把游戏还给孩子、把童年还给孩子、把快乐还给孩子”，并取得了一定的成果。同时，作为游戏实验园代表在枣庄市游戏实验园研讨会上进行经验分享交流。

1. 通过课题研究，幼儿、家长和教师的关系得到了改善

课题研究初期通过家委会、家长会、问卷调查的方式向家长宣传科学的理念和方法，从而改变家长的思想，得到家长的理解、支持和配合。研究过程中家长看到幼儿园环境的改变，听到幼儿回家侃侃而谈在幼儿园的快乐，使家长对幼儿园和教师有了更深的了解和认可，有效提高了教师工作效率。

“幼儿园又多了好玩的地方，明天我要早早地去”“妈妈你看见我们幼儿园大厅里好玩的玩具了吗？”“今天我和老师一起去喂兔子了，我好喜欢兔子”等幼儿稚嫩的话语，都体现了当前幼儿对幼儿园和教师的喜爱又增加了。教师们一起教研一起成长，也建立了深厚的友谊。整个幼儿园体现了一种安宁、宽松、有序、欢乐的气氛，教师、幼儿和家长们相互之间的关系也因此更加和谐、完美。

2. 通过课题研究，改善了幼儿园环境

参与课题研究的人群，包括教师、家长、幼儿，普遍建立了较为正确的环境意识，形成了尊重自然、与自然和谐相处的态度，也产生了相应的行为，将幼儿园环境可持续的教育性落到了实处，大大改善了幼儿园的整体环境。

（1）大胆运用生态、自然的色调，体现生态教育

以“爱家乡”为主题的环境创设，促进幼儿与环境间的互动。幼儿的积极参与、自主建构，与教师共同创设自己喜欢的环境，利用“环境”记录幼儿一点一滴的进步和成长，整个幼儿园环境无不体现幼儿的劳动成果，既美化了整体环境，又处处发挥环境育人的功能。

（2）提供丰富的材料与内容，为幼儿提供不同的表现机会

教师可以在幼儿园一日活动的各环节中，以交谈、观察、记录等多种形式发现幼儿的兴趣，及时捕捉幼儿的兴趣点，从中寻找幼儿感兴趣的，以引导幼儿主动、积极地参与到环境的创设当中，而这就需要准备丰富的材料与内容，以引发幼儿有不同的想法与创作空间。我们多方取材、合理利用，充分挖掘、发现、采集周边环境中可利用的材料，倡议家长收集多种材料，如报纸、杂志、饮料瓶、纸箱、旧轮胎、树枝、木头等废旧物品；锅碗勺、饮水机、燃气灶、电饭煲等生活用品和用具；石磨、石槽、石窝子、石墩子、石桌子等旧物件；毽子、沙包、铁环、陀螺、风筝、泥娃娃等传统游戏材料和工艺品。通过采取多样化的创作方法，加大环境创设内容的空间，以更好地引发幼儿的兴趣，助力幼儿健康快乐地成长。

（3）巧妙利用空间，为幼儿提供不同展台

活动空间的合理安排与利用，不但能使幼儿轻松愉悦，同时又有利于幼儿间的交往与游戏。所以，我们应充分开发空间潜能，使幼儿活动空间与活动需求和谐统一。

室内区域，根据幼儿活动需求与材料投放，可将其划分为动态区与静态区。在动态区中，开展较为自由、幼儿可随意走动的区域；在静态区中设置了相对安静和独立的固定的操作空间。因此，环绕学习桌周围，我们放置了玩具，并借用了不同玩具的区分，幼儿不仅可在其中操作、取放材料，也可成为幼儿陈列作品的展台。室外，我们主要用于展现各个主题活动的开展情况。因此，走廊便成为幼儿动手操作与体验成功的另一道风景线。幼儿积极地动手、动脑，运用剪、画、折、团、粘、贴等不同技法表现各个主题墙面。走廊则为幼儿提供更多的创设操作与展示自我的空间，并使它成为教室环境中重要的一

部分：幼儿每次把自己的学习、劳动成果展示于走廊墙面与同伴共同分享，不仅增强了自信，体验到成功的快乐，而且也让家长们了解幼儿学习的进度与活动开展的情况。

户外公共区也创建了适宜幼儿活动的传统游戏区和自主游戏区，在这里，幼儿通过“规划设计—合作操作—经验分享”等形式发挥想象，进行探索研究，从而促进幼儿身心健康和谐发展。

3. 通过课题的研究，幼儿综合能力得到提高

（1）促进幼儿身心健康

环境艺术本身就是建立在科学理性基础上的一门学科，具有传统文化和地方特色，以及体现主题内容的环境创设，处处蕴含着秩序之美、节奏之美与韵律之美。它启迪幼儿对美的感知，能唤起幼儿的审美需求，激发幼儿追求美的欲望，优美和谐的环境更能使幼儿身心愉悦。

幼儿园内空间合理的布局、丰富的游戏器械、齐全的设施设备，为幼儿积极参加游戏活动提供了必要的条件；每日必备的户外活动，保障了幼儿锻炼身体的需求，提高了幼儿的运动能力，以及肢体的平衡性与协调性；丰富的室内游戏促进了幼儿手眼的协调，对激发幼儿探究的兴趣、开发幼儿的智力大有益处；文明有序的集体活动扩大了幼儿间的交往；幼儿在自由宽松、被尊重、被接纳的氛围中更能感受到爱的幸福，对促进幼儿心理健康，培养乐观自信的良好性格具有重要作用。

（2）满足幼儿社会性发展

幼儿园作为幼儿成长的“小社会”，为幼儿的社会性发展提供了锻炼的舞台。

三岁入园是幼儿生命成长过程中的第一个重要阶段，是幼儿从出生起第一次较长时间离开自己熟悉的环境（家庭），与自己熟识的亲人分离。当满眼看到的都是陌生的面孔、不相识的人，从孩子的角度来看，这是很大的挑战。没有亲人陪伴，要独自面对一个新的环境，对他们来说，是他们个人成长中迈出的巨大一步。

营造温馨和谐、具有童趣的幼儿园环境能帮助幼儿逐步摆脱对陌生环境的恐惧；教师的悉心关爱能减少幼儿与亲人分离时的焦虑，使幼儿渐渐融入新生活；多彩的游戏活动，能让幼儿有机会结识更多新伙伴。在充满爱的幼儿园人际环境中感受爱的温暖，在被爱的环境中学会爱他人，在分享爱的过程中，学会表达爱和传递爱，这些都有助于提升幼儿的社会适应能力、人际交往能力。幼儿园内温馨惬意、融洽和谐的人际关系环境，必将为幼儿的社会性发展奠定良好的基础。

（3）促进个性的全面发展，为终身学习奠定基础

幼儿园环境为幼儿创设、为幼儿所用，在环境创设中幼儿绝不是消极旁观者、享用者，而是环境创设的积极参与者和互动者。在环境创设中，幼儿的参与激发了他们的自我意识，幼儿在与环境的交互过程中，感受他们是真正的主人。如果说集体活动培养了他们的协作精神、团结意识，那么小组活动则满足了他们个性发展的需要。每个幼儿都是独特的个体，都有他们与众不同的特点，如何促进不同个体的发展是幼儿园工作的重点，也是幼儿园环境创设的出发点。

除集体活动外，幼儿园内孩子们有大量的时间和机会进行小组活动，《纲要》指出，幼儿园教育应尊重幼儿身心发展的规律和学习特点，充分关注幼儿的经验，引导幼儿在生活和活动中生动、活泼、主动地学习。根据幼儿“在玩中学”即在操作中学习的特点所创设的幼儿园环境，满足了幼儿根据自己的兴趣需要，自主决定活动内容、合作伙伴、活动方式的要求，同时幼儿在环境中探索、在探索中游戏、在游戏中学习，其积极性、主动性、创造性可以得到充分发挥，其个性化需求也得到满足。此外，一些特殊需求也得以实现，如精力过于充沛的幼儿，在自主活动中可以得到一定的释放。

4. 教师的观念得到进一步更新，科研意识、反思意识得到增强

通过本次的课题实验，教师们在观念与行为上发生了明显变化，对提高幼儿园的教育质量具有一定的积极影响。通过课题培训、共读一本书、自我学习和分享，以及行动研究，促成“人人爱教研、个个讲科研”的氛围，在研究过程中采取自我反思、教师互助、合作分享等措施，积极开展课题研究，提高教师科研能力，努力形成“终身学习、充满活力”的教师群体风貌。教师在教

育观、儿童观、游戏观等基本观念上发生了变化，他们普遍接受了“幼儿是环境的主人”的理念，在理解并尊重幼儿天性的基础上实践，教师能力也有所提高，实施效果较为突出，从实践、经验、理论各层面积累了提高台儿庄区实验幼儿园保育教育质量的素材与资源，积极推进幼儿园的可持续发展。

（六）建议

一是针对已有研究的缺陷，提出需要重视或改进的事项；二是根据研究结论获得的启示。

幼儿园的环境创设和有效利用，主要是指教育者在《纲要》要求下，根据幼儿园的要求和幼儿的身心发展规律、需要，结合幼儿园办学特色，充分挖掘和利用幼儿生活环境中的教育因素，促进幼儿身心主动发展的过程。

1. 目前我们存在的问题

（1）重视物质环境，忽略人文环境

提到幼儿园环境，人们往往会想到我国幼教专家陈鹤琴先生曾经说过的一句话，幼儿园环境是“儿童所接触的能给他以刺激的一切物质”，他的观点告诉我们，幼儿园环境应该是一个比我们的认识更广的概念。它包括幼儿园物质环境和人文（精神）环境两大部分。幼儿园除了把幼儿园公共环境的园内沙池、绿地、大型玩具、户外游戏活动环境等，以及班级环境的宿舍环境、区域活动环境等进行规划创设以外，还要营造出尊重和关爱的幼儿园氛围，建立良好的同伴和师生关系。同时建立班级有效的秩序和规则，营造良好的班级氛围，让幼儿感到安全、喜爱和舒适的环境。幼儿园除了要重视物质环境，人文精神环境也是重要的、决定性的因素，也是不可忽略的环境。

（2）不能灵活利用材料，达到幼儿成长的目的

蒙台梭利认为教育对儿童的巨大影响，是以环境作为工具，让儿童受到环境的浸染，从环境中获得一切，并将其化为己有。在研究过程中，我们注重师幼共同参与的原则，但是幼儿和家长共同收集的结构材料不能被充分地利用和操作使用，不能最大化地发挥教育职能。

2. 解决的对策

（1）充分利用幼儿园的空间潜能

环境创设要触及幼儿园的每一个角落，如走廊、墙面、墙栏杆、墙根、屋角、阳台、地面、楼梯、转身台、走廊、空中等。这些有可能利用的地方都应该在环境创设中派上用场。如走廊地面上可以设计一些难易不同的跳格子图、站角、传统的徒手游戏图片等；沙水区旁边可以专门设计一面可以随时清洗的涂鸦瓷砖墙和泥巴区，供孩子嬉戏玩乐，还可以画出自己喜欢的图案，激发幼儿的画画和动手潜能等。有些环境也可以变固定的为动态的（如桌椅、操作板等，可根据活动内容需求灵活摆放）、变单功能为多功能的。

（2）提供丰富的设备和材料，满足幼儿参与多种运动和游戏的需求

在进行幼儿园环境创设和利用的过程中，我们应进一步充分挖掘、发现、采集周边环境中可利用的材料，采取多样化的创作方法，加大环境创设内容的空间，以更好地引发幼儿的兴趣，助力幼儿健康快乐地成长。

总之，当前幼儿园的环境创设还存在着或多或少的问题，因此我们在创设幼儿园环境时要有长远的眼光和大局意识，要充分考虑当前幼儿的实际发展水平和需求，结合本园实际情况，勇于对现有的环境改革创新，不断优化，使环境真正发挥促进幼儿全面健康发展的功能。

3. 我们今后的研究方向

第一，提高教师的理论学习。在今后的研究过程中，我们要不断地借鉴和研究先进成果在幼儿园环境创设和有效利用的经验，依据幼儿的需求和兴趣，参与规划设计，与教师共同创设适合幼儿特色的环境，并多进行理论学习，让研究的方向跟上理论的指导。

第二，幼儿成为环境的主人。以传统游戏为主的自主性游戏的幼儿园环境是为幼儿发展服务的，因此在研究中要始终把幼儿的发展需要放在主体地位，让幼儿参与到研究中来，以幼儿在幼儿园环境中进行游戏活动的效果为依据。

第三，真正实现环境育人的目的。以传统游戏为主的自主性游戏的幼儿园环境创设通过研究得到改造和完善后，还要应用到幼儿游戏活动的实践中进行检验，以保证改进后的环境在幼儿参与游戏的实践中得到检验。

课题研究的进程并不会就此停止，在幼儿园开展以传统游戏为主的自主性游戏过程中，通过适宜的环境创设空间的有效利用，除了要保证吸引幼儿进行游戏的兴趣以外，还要在这个过程当中对采用的方法进行不断的改进和完善。只有这样，以传统游戏为主的自主性游戏的环境创设才能为幼儿在幼儿园的游戏活动中持续带来积极有效的作用。

参考文献

[1] 中华人民共和国教育部. 3—6岁儿童学习与发展指南 [S]. 北京：首都师范大学出版社，2022.

[2] 中华人民共和国教育部. 幼儿园教育指导纲要 [S]. 北京：北京师范大学出版社，2001.

[3] 康琳. 幼儿园环境创设与利用 [M]. 武汉：华中科技大学出版社，2017.

[4] 汤志民. 幼儿园环境创设指导与实例 [M]. 上海：华东师范大学出版社，2012.

[5] 韩智，张敏. 图说：幼儿园环境规划与创设 [M]. 北京：北京师范大学出版社，2019.

[6] 刘景容. 幼儿园课题研究：以“基于自然的生态化园本课程构建的研究”为例 [M]. 广州：广东高等教育出版社，2018.

[7] 王杨阳. 深耕民间游戏播种快乐运动——民间游戏资源在户外区域活动中的运用 [J]. 科学咨询（教育科研），2018（8）：33.

[8] 胡庆贤. 深耕民间游戏播种快乐运动——民间游戏资源在户外区域活动中的运用 [C] //中国智慧Ⅰ程研究会智能学习与创新研究工作委员会. 教育理论研究（第九辑）. 重庆：重庆市鼎耘文化传播有限公司，2019.

[9] 盖伊·格朗兰德，马琳·詹姆斯. 聚焦式观察：儿童观察、评价与课程设计 [M]. 梁慧娟，译. 北京：教育科学出版社，2017.

[10] 沈艳凤. 幼儿园民间游戏课程开发与实施 [M]. 福建：福建教育出版社，2018.

[11] 李安娜，赵宜，李洋. 图说民间游戏［M］. 北京：科学普及出版社，2011.

[12] 段来峰，滕志芳. 我们儿时玩的游戏［M］. 海口：南海出版公司，2011.

[13] 郭泮溪. 民间游戏与竞技［M］. 北京：中国社会出版社，2011.

[14] 董旭花，等. 幼儿园自主性学习区域活动指导：生活操作区・美工区・益智区・科学区［M］. 北京：中国轻工业出版社，2014.

[15] 莎曼，等. 观察儿童：实践操作指南（第3版）.［M］. 单敏月，王晓平，译. 上海：华东师范大学出版社，2008.

[16] 秦元东，王春燕. 生态式幼儿园区域活动指导［M］. 北京：北京师范大学出版社，2012.

[17] 赵兰会. 学前儿童游戏活动设计与指导——户外游戏探索与创新［M］. 北京：科学出版社，2015.

[18] 王萍. 幼儿园园本研修方法、步骤与案例［M］. 北京：中国轻工业出版社，2017.

[19] 何洁. 智趣空间——幼儿园主题环境的设计与呈现［M］. 上海：少年儿童出版社，2019.

[20] 吴兴莉. 幼儿园主题阅读活动方案［M］. 南京：海河大学出版社，2011.

[21] 吴兴莉. 幼儿园阳光成长体育课程［M］. 南京：南京大学出版社，2014.

[22] 黄世钰. 幼儿行为观察与记录［M］. 上海：华东师范大学出版社，2019.

让民间传统游戏重放光彩

按照《山东省教育厅关于开展游戏教育实验区实验园建设工作的通知》（鲁教基函〔2019〕23号）精神，落实以游戏为基本活动方式，彻底消除“小学化”现象，提高学前教育质量，我们制订并实施了《游戏教育实验园建设工作的实施方案》，旨在扩大、创设幼儿游戏环境，丰富游戏材料，幼儿游戏水平得到提高，游戏质量初见成效。

幼儿园一直以来秉承“尊重规律生态发展”的办园理念，尊重幼儿发展规律和学习特点，尊重幼儿主体地位和游戏权利，引导教师树立正确的儿童观，提升教师专业化水平，以“五大领域”为基础，以游戏为基本活动，把传统民间游戏融入幼儿一日生活中，充分挖掘地方传统文化和民间游戏，结合实验课题“支持幼儿自主发展的民间户外游戏环境的实践”的研究，探索开展民间传统游戏活动，通过户外游戏的开展，逐步实现幼儿园游戏的课程化、生活化、整合化、园本化，以游戏贯穿幼儿一日生活，促进幼儿身心和谐发展，提升学前教育保教质量。

一、民间传统游戏实施路径初探

幼儿园游戏环境，是幼儿活动不可或缺的游戏基础，是提升游戏质量的保障，也是幼儿园课程的组成部分。为幼儿科学地创设室内外游戏环境，是促进幼儿身心健康发展的关键要素。

（一）重新规划布局，调整室内外游戏环境

1. 加大资金投入，创设幼儿游戏活动区

结合幼儿园发展规划，开展多次现场教研，征集家长、教师的意见，并尊重幼儿意愿，对游戏环境布局重新调整规划，投资近20万元开辟了沙池、泥池、水系、种植园、攀爬区、野战区、小山坡、民间竞技游戏区、民间益智游戏区、民间歌谣游戏区、徒手游戏区等户外游戏活动区。

2. 创设游戏氛围，提高幼儿游戏主动性

通过创设浓郁的民间游戏氛围，以图配文的形式把相应的民间游戏展示在活动区内，激发幼儿游戏的兴趣，并根据图片提示进行游戏，大大增加了幼儿游戏的积极性和主动性，激发了幼儿参与民间游戏的积极性和创造性。

3. 开设班级特色游戏区角，激发幼儿游戏兴趣

根据幼儿的特点和需求，在班级内创设具有本班特色的民间游戏区角，投放相应的游戏材料和游戏器械，并创设了温馨、整洁、幼儿喜欢的游戏活动室内区角环境，提高了幼儿随时随地参与游戏的兴趣。

（二）加强教师培训，提高游戏组织水平

1. 观摩学习，拓宽教师眼界

先后组织教师到青岛、临沂、泰安等地观摩学习；组织教师参加游戏化课程等线上培训以及各种专业的园本培训，提高教师的业务能力，为游戏活动的顺利进行提供支持。

2. 开展“教师共读一本书”活动，分享读书及游戏实施经验

开展全园“教师共读一本书”活动，定期结合幼儿游戏活动中的游戏行为和问题，进行经验分享活动，既丰富了教师的教育理念，又使教师的表达、观察、应用等能力得到了提高。

（三）收集整理民间游戏，初步尝试探索新玩法

1. 多渠道征集民间游戏，梳理民间游戏种类

为了更好地传承与发展民间游戏，提高幼儿游戏的有效性，利用调查问卷的方式面向广大家长征求意见和建议。同时向全体家长和教师收集并调查爸爸妈妈、爷爷奶奶儿时喜欢玩的民间传统游戏，以促进进行室内外民间游戏活动

区环境创设的设想。通过教师和家长共同搜集、整理和筛选，共筛选整理出5大类，30余种民间游戏及70种民间游戏的玩法。

2. 开展“民间游戏我来玩”活动，探索民间游戏的传统玩法

引导教师、家长和幼儿在实践中共同探索民间游戏的新玩法和组织形式，在不断实践、反思、创新、改进的基础上，形成适合各年龄幼儿开展的幼儿园民间游戏新玩法，提高幼儿的积极性和参与的兴趣。

3. 提供丰富的游戏材料，支持幼儿游戏发展

（1）选择幼儿生活中常见的游戏材料，收集常见的生活用品或废旧物品，加工改造成合适的游戏器械。如小石子、核桃、贝壳、纽扣、瓶盖等。用旧报纸、树枝、冰棒棍、旧筷子等材料玩“抓五子”“骑马打仗”“打手球”“挑小棍”“投壶”等游戏；用各种绳子、竹竿等摆放成各种形状的圈圈，玩“跳房子”；用鸡毛、碎布做毽子；用泥巴玩泥塑、捏泥人等。

此外，幼儿园先后购置了幼儿平衡车、滚筒、跳绳、空竹、各种陀螺以及两种型号的高跷、龙狮等；后勤教师积极配合，自制了旱船、花轿、轮胎滚筒等游戏器械，以满足幼儿游戏的需要。

（2）利用身体部位，开展徒手民间游戏。一些非常好玩的民间游戏是没有材料的，而是充分利用人们的手、脚和头等身体的部位。如“掰手腕”“瞎子摸拐子”“抬花轿”“手心手背”“斗鸡”“炒黄豆”“背人”“石头剪刀布”“斗牛”等游戏，既好学，又不受空间限制，可以在室内、走廊、门厅等空地随时随地开展。

（3）利用经典儿歌、童谣等，创编民间游戏的新玩法，以此增加幼儿游戏的主动性和趣味性，吸引幼儿参与游戏。如“老狼老狼几点了”“跳皮筋”“跳绳”“跳竹竿”等游戏，在原有游戏经典玩法的基础上，创编游戏的玩法，使幼儿可以百玩不厌、其乐无穷。

4. 在幼儿一日活动中开展传统的游戏活动

（1）调整户外活动时间，为幼儿提供充足的游戏时间。由于游戏时间短，幼儿游戏时无法深入开展，部分幼儿表现出旁观、闲散等行为，致使幼儿游戏水平较低。在游戏梳理环节中，幼儿不能充分与同伴分享，制约了幼儿的语言表达能力、想象力、创造力和思维能力，影响了幼儿游戏质量。因此，把每日60分钟户外游戏时间延长至90分钟，既保证了幼儿的游戏活动时间，又使游戏得以深入的开展，幼儿的游戏水平得以提高。

（2）根据幼儿的年龄特点和活动场地的大小，对各活动区进行统筹规划，从开始的分班活动，逐步开展以大带小的混班游戏，既满足了小班幼儿的模仿、学习需求，也培养了中大班幼儿的责任心和自信心，有效促进了幼儿的社会性交往，使幼儿的合作能力、创造能力、处理问题的能力得到了很好的提高。

（3）利用小游戏，衔接幼儿一日活动的过渡环节。小游戏内容丰富、形式多样、简便易行。如一粒石子、一根绳子，这些随处可得的材料，便可充分利用碎片时间和空间开展游戏，方便随时进行徒手游戏。入园后、离园前、餐后等各环节的过渡时间，小游戏都可随时进行，同时减少了幼儿排队和等待的时间，体现了动静交替的原则。

二、游戏初探过程中的困难和问题

（1）教师对游戏的观察与指导缺乏系统性培训，需要专家的引领和专业的指导。

（2）幼儿园班额大，限制了幼儿活动的空间，不能满足幼儿进行自主游戏的需求，从而影响幼儿游戏活动的开展。

（3）由于疫情的影响，游戏教育活动的开展有所滞后。

（4）教师队伍不稳定，不利于教师专业梯队建设，出现教师培训不系统、游戏活动不衔接等情况，影响游戏的深入开展。

三、传承创新，让民间传统游戏重放光彩

（一）理清游戏化课程改革思路，解决游戏开展中的问题和困惑

1.依托自然游戏环境，开展生活化、课程化游戏

利用户外活动空间、走廊、社区和家庭资源的优势，创设本土游戏活动环境，投放泥巴区、印染区、沙水区等区域活动材料，更新收集农村资源材料，

各年龄段做精细分类投放，并循环使用。

2. 开展自然教育活动游戏化课程

根据季节变换、自然现象以及节气变换开展多种民间游戏活动，吸引孩子积极参与活动。同时，为孩子提供尽可能丰富的区域操作材料，让孩子在探索和操作中互相学习、互相合作，充分体验自主学习的快乐。

3. 挖掘种植园生活化游戏课程的价值

根据四季变化，如在种子选择、种植、管理、收获等过程中，注重孩子的参与程度；丰富农家乐游戏场景，将采摘、择洗、烹饪、分享等农家乐系列活动连接到一起，开展真实的农家活动体验。

（二）传承经典，融合创新，让民间传统游戏点亮快乐童年

（1）调整游戏环境布局，整理民间游戏内容，筛选适合幼儿园开展的民间游戏，建立游戏资源库。

一是游戏环境的创设突出“民间游戏”的元素，民间游戏与幼儿园整体环境相得益彰，既凸显民间游戏的独特风采，又保有现代化幼儿园的美感；

二是借助本土资源开展民间游戏的探索和尝试，对散落的民间游戏进行搜集、整理、筛选、创新、改编，引入幼儿园游戏活动课程。

（2）在实践中探索开展民间游戏的玩法和组织形式，并强调幼儿游戏的自主、自由、自选。尊重幼儿发展的主体地位，让幼儿充分享受自由游戏的愉悦体验，强调幼儿园户外民间游戏环境创设和实施能够满足幼儿的游戏需求，符合幼儿的游戏意愿，幼儿在游戏过程中“有得选”“乐于选”“善于选”。

（3）整合现代游戏和传统游戏，使游戏活动形式和内容更加科学、丰富、有趣，并尝试创新民间游戏玩法。在传承民间游戏精髓的基础上，创新幼儿园民间游戏新玩法，促进传统的民间游戏与现代的幼儿生活相融合，使民间游戏焕发新光彩的同时，丰富幼儿园户外游戏，支持幼儿在新民间游戏中探索规则、勇敢竞争，感受朴素智慧、生活趣味。

游戏是幼儿全面发展教育的重要形式，传统的民间游戏，同样会给幼儿带来许多童年的快乐。幼儿园民间游戏的开发和传承，既符合《纲要》精神，又有助于幼儿在传统文化的熏陶下，轻松愉快地开展游戏，对幼儿的社会化发展

有着非常重要的意义。

让我们携起手来，把时间还给孩子，把游戏还给孩子，把童年还给孩子，充分挖掘民间传统游戏的教育价值，提高幼儿的游戏水平，让民间传统游戏重放光彩！

环境创设在幼儿自主游戏中的应用

目前，环境创设在幼儿园教育教学活动中运用广泛，是最常用的教学辅助手段。环境创设充分考虑了幼儿的认知能力和情感状态，通过感官知觉、具体事物来诠释抽象思维，提升幼儿愉悦的自我认知和生活体验，促进幼儿身心健康发展。那么，在幼儿园的自主游戏中，如何巧妙创设环境才能促进幼儿的主动游戏和自主性发展呢?

一、针对开展自主游戏做好空间设置工作

进行自主游戏之前，教师首先要选择合适的场地用于开展游戏。研究发现，面积过大的空间并不利于幼儿开展合作性游戏，而面积过小的空间将造成幼儿产生各种消极心理状态，对游戏产生抵触情绪。设置自主游戏的空间时，应根据自主游戏的主题，结合班级内实际空间大小，设置固定的空间用于开展游戏，每个自主游戏空间应确保幼儿安全、舒适、灵活地开展游戏。教师创设游戏环境的过程中，不仅仅应重视幼儿的认知水平和个性化特征，还应结合班级内空间的具体状况，不能在班级内选择多个空间作为开展角色游戏使用，否则将导致班级内剩余空间过于狭小。与此同时，幼儿园或者班级在设置空间时应考虑到幼儿的兴趣和参与自主游戏的积极性，如果参加的人数较多，可以适当扩大空间范围，如果大多数幼儿对参加自主游戏不感兴趣，可以适当缩小空间范围。

二、为自主游戏设立主题

创设自主游戏环境时，一方面要考虑到幼儿的认知发展状况；另一方面还应考虑到场地的特点，有的场地并不适合开展自主游戏活动。然而，一些教师将自主游戏作为一项任务，选择自主游戏主题时不考虑班级客观空间条件，设置多个自主游戏主题同时进行，这种方式并不能实现教育目的，反而对幼儿造成负担，幼儿无法沉浸在游戏中。幼儿园应结合儿童兴趣度、儿童能力，以及班级场地状况选择适合开展的角色游戏主题，教师同步从儿童的兴趣出发选择开展自主游戏的主题。

三、实现自主游戏材料投放的灵活性和多样性

1. 材料投放种类丰富

第一，投放材料数量方面。每个年龄阶段的幼儿对投放材料的数量有不同的需求。投放角色游戏材料时应结合幼儿的年龄特点，兼顾每个年龄阶段的幼儿，让每名幼儿在自主游戏活动中都能够享受到投放材料带来的快乐。不同种类的材料针对幼儿的作用明显不同，低结构的材料具有较强的可塑性，幼儿可以发挥自身的创造性，因此低结构的材料对于发展幼儿的思维十分有利。第二，投放材料来源方面。很多幼儿园通过三种方式收集材料：第一种是幼儿园内配发的材料，具体包括园内阅读区的图书，美工区的颜料、画笔、剪刀等，这些材料占比较小，并且可供幼儿较长时间消耗；第二种是来源于家长准备的材料，这种材料中大多是幼儿的旧玩具以及新购置的玩具，这类材料包括大量成型玩具，具有较高成本，玩具材料具有较高的结构性特点，游戏形式过于单一；第三种是幼儿园教师从各处淘来的废旧物品，经过教师的加工成为自主游戏材料，有些材料不需要加工，可直接作为自主游戏材料，这类材料具有较低的结构性特点，结合游戏主题可以实现再创造，对幼儿的思维发展有益。

2. 材料投放发挥挑战性效果

对幼儿产生最大吸引力的材料是达到“最近发展区”特点的游戏材料，这种材料自身具备挑战性，这种材料数量变化、结构变化都将使这种挑战性进一

步增加。幼儿操作低结构材料时，可以自行创造多种玩法，所以幼儿十分喜爱低结构游戏材料；面对高结构游戏材料，由于玩法过于受限，幼儿挑战高结构游戏材料的兴趣不大。针对材料数量，小班幼儿适合投放较少的材料，能够增强小班幼儿的合作能力；大班幼儿需要适量增加材料数量，以此来发展大班幼儿的创造思维。低结构的游戏材料适合应用于中大班幼儿，能够挑战中大班幼儿的思维能力，而小班幼儿适合应用高结构的固定游戏材料。教师应结合幼儿年龄特点决定材料数量、结构，使游戏材料充分发挥作用，促进幼儿有效开展自主游戏。值得注意的是，幼儿园向班级提供材料应满足高结构材料与低结构材料互相结合的方式。

3. 材料投放方式更加灵活

幼儿园开展自主游戏在投放材料的过程中，除了需要关注材料的多样性、挑战性、层次性之外，还应注重投放方式的选择。自主游戏中各种投放方式将直接决定材料在游戏中产生不同的效果。低结构的游戏材料采取高结构投放方式能够充分融入自主游戏的环境中，让幼儿在游戏过程中潜移默化地学习知识，将低结构材料采取低结构的投放方式，幼儿利用材料进行合作游戏，能够促进幼儿情感的发展，使幼儿逐步增强社会交往能力，并逐步获得创造性思维的发展；高结构的材料采取高结构投放方式，具有固定玩法的高结构材料，能够有助于幼儿快速达成教学目标，同时使其掌握一定的游戏技能，高结构材料采取低结构的投放方式，能够打破传统规则，让幼儿发挥自己的想象力使用材料，有助于幼儿创造性思维和想象力的发展。教师应结合自主游戏的目标选择投放材料的种类和具体方式，按照本班幼儿的认知发展特点适当调整投放材料，改变传统的投放材料方式，不断丰富幼儿的游戏材料种类，引导幼儿创造出更多的玩法。

通过为自主游戏创设环境能够有助于提高游戏效果，快速达成幼儿教育目标，有利于幼儿思维的发展。当前，幼儿园开展自主游戏之前在环境创设方面凸显出很多问题，本文为幼儿园自主游戏环境创设以及投放游戏材料提出了应对措施，期待能够为改善当前自主游戏环境创设问题提供理论参照，鼓励教师积极根据自主游戏主题创设环境，促进幼儿健康快乐成长。

从垃圾场到农家小院

——基于幼儿兴趣与需求的游戏环境创设

幼儿是教育资源的主体，也是环境创设的主人。幼儿园环境创设的目的是促进幼儿的全面和谐发展，所以必须从幼儿的兴趣点和需求出发，让幼儿直接参与到环境创设中来。在此过程中，教师要善于发现“有意义的环境”，给予幼儿支持，满足幼儿探究的欲望。“有意义的环境”不仅是对自然资源、社会资源的充分挖掘，更重要的是发现幼儿的兴趣与需求，对有意义的环境做出判断。在教育资源的开发过程中，从幼儿兴趣点与需求出发，让幼儿直接参与环境创设。

幼儿园的户外生活体验区里，堆放了一些闲置的置物架、桌椅和锅碗瓢盆等工具，长年累月的风吹雨淋让这个角落变成“垃圾场”一般的存在，很多人建议将这个区域清理掉。经过研究，我们决定先观察一段时间，再决定这个体验区的去留。

连续观察几天，我们发现这个被大人嫌弃的角落，却是孩子们非常喜爱的场所。即使是陈旧的厨具和简陋的环境，也不会影响孩子们游戏的兴趣。

一、案例一

区域活动开始了！孩子们走进生活体验区，熬粥、做菜煎饼、煮咖啡、炒菜……各位小厨师们忙得不亦乐乎，热火朝天地制作着各种美食。沙子、树叶、石子……一切顺手拈来的自然材料都成为最好的食材。

反思与感悟：埃里克森的人格发展阶段论认为，3—6岁的幼儿正处于建立主动感、避免内疚感的发展阶段，随着幼儿社会化的发展，自我意识的逐渐增强，他们开始渴望像成人一样生活。此时，若儿童能够在成人的支持下满足其自主活动的需要，获得足够自由、自主的活动机会，幼儿将顺利度过这一阶段，获得主动感，并在今后的生活中敢于探索外部世界、积极表达自己的观点。整体而言，发现幼儿内心需要，及时给予肯定与支持，就能更好地促进幼儿自主性发展。

二、案例二

喝完咖啡，再看一看还有没有美食。简易的铁架旁，浩然正在认真地摊着菜煎饼，他把一张圆形的牛皮纸当作煎饼，把沙子、树叶当作菜，然后卷几下就卷成了一个菜煎饼，技术相当熟练呢。菜煎饼做好了，浩然和小美端着菜煎饼找地方去吃，可是转了几圈，发现没地方可坐，小美说："要是有个餐厅就好了，这样我们就能美美地享受美食啦！"其他孩子听了纷纷说："是的，要是有个餐厅就好了，我们可以坐下来吃饭、喝茶、吃点心，那就太好了！"孩子们一脸的憧憬，小美说："我们可以设计个餐厅啊！"

我趁机加入："是啊，我们可以设计餐厅啊！""怎样设计餐厅呢？"孩子们开始七嘴八舌地讨论起来：现在的样子太乱，还有点脏，没有吃饭的地方……

反思与感悟：自发的游戏让我们看到，幼儿具有自己确定游戏主题、布置场地、准备材料的愿望。自主游戏过程中，游戏情境的不足推动着幼儿去发现问题，开始思考如何改良环境，满足游戏需要。幼儿自主性得到发展的同时也在不断拓宽游戏的内容，丰富游戏的情境。此时，教师的适时介入与支持及时把游戏的主动权交给幼儿，引发幼儿进一步的探索。

三、案例三

问题由孩子们提出，相信我们的孩子也能找到解决问题的办法。厨房家家户户都有，孩子们有丰富的相关生活经验。接下来，孩子们开始了厨房的改造设计，孩子们结合自己家的厨房，纷纷说着厨房的结构和样子。我们这里的厨房应该怎样？最后，大家得出结论：我们要改造厨房。

孩子们直接设计了几间小房子，计划把厨具全部搬到房子里去，就变成厨房了。

发现问题，及时调整设计。针对设计，孩子们一起观察讨论是否可行。有些孩子发现了问题："这样一间屋子一间屋子的，我们就看不到外面的东西了。""还没有设计餐厅呢，我们在哪里吃饭呢？""我们把墙拆掉吧。"……于是，孩子们又开始了重新设计。

最后，孩子们自主设计了一个"农家小院"。

我们也遵循孩子们的设计，在户外生活体验区中充实了一些物品，如厨房里的炉灶、锅碗瓢盆；餐厅里的餐桌、餐椅、餐具；客厅里的沙发、家具等。通过打造一个真实的家的场景，使之更具生活气息，为孩子玩"真游戏"创造条件。

反思与感悟：一个原本即将废弃的生活体验区，反而成为孩子们游戏的乐园。可见，孩子们对生活区活动的渴望与需求，这正是这个区域需要继续存在的意义。孩子们渴望将自己的生活经验，通过游戏反复尝试，探究社会规则，体验与同伴游戏的快乐。为何不顺应他们的兴趣，变废为宝，让他们更好地体验大生活区的乐趣？这就需要教师在活动中要善于观察孩子，适时、适当地调整方案和指导方式，追随孩子的兴趣需求，不断去完善、调整，使环境成为支持孩子发展的最佳路径。让环境追随幼儿，使幼儿的身心更全面、和谐地发展。

华爱华教授在《学前教育改革启示录》一书中，对幼儿园环境创设提出三个关键词："尊重""信任""发展"。所谓尊重，就是满足幼儿所需，教师要从幼儿的视角去看待环境，环境创设要考虑幼儿经验、兴趣与发展需要；信任，就是放开幼儿的手，在环境的利用上，给予幼儿更多选择的自由，减少不必要的限制与过甚的保护性措施；发展，就是给予幼儿挑战，环境应能促使幼儿不断发现各种问题，引发幼儿好奇心，促进幼儿深入探究与学习。因此，幼儿园环境创设应以幼儿为中心，落脚在促进幼儿发展上。

在这次的户外生活体验区的改造中，我们充分考虑了幼儿的兴趣与发展需求。通过开放性的游戏环境，及时观察和回应、自由自主设计等支持策略促进幼儿在游戏中的自主性发展，完成基于幼儿兴趣与需求的环境创设。

捕捉幼儿兴趣点，聚焦幼儿生活经验和活动需求。教师以此为契机，变废为宝，丰富幼儿生活游戏环境，满足幼儿心理发展需求。幼儿园尊重孩子的意愿，及时规划调整，使之更适宜孩子游戏。将生活体验区与养殖角、种植角整合，改造为“农家小院”，为幼儿创造游戏所需的真实环境，从而让孩子在游戏中直接感知、亲身体验、实际操作，进而获取经验，实现课程的游戏化、生活化。

自由、自主环境下的游戏促成幼儿的自我发展。幼儿主导的环境让其学会发现问题并尝试解决问题，主动参与环境创设，由单纯的游戏者、欣赏者变成了计划者、参与者。自主的环境给了幼儿开放的空间，有助于增强幼儿的自信心和游戏的兴趣。

基于幼儿兴趣的课程资源的开发与利用。幼儿园处处都是教育，原本将要废弃的区域，因为孩子们的喜欢而变成快乐的天堂。“农家小院”成为幼儿园独具特色的课程资源，这一资源的合理开发正是来自幼儿的兴趣需求。接下来，我们相信，“农家小院”将会有更多精彩故事呈现，孩子们还会有更多智慧闪烁。这就是带给我们惊喜的孩子们的秘密世界。

围绕幼儿兴趣和需求的环境创设是幼儿园教育回归本真的现实需求，更是教师走向幼儿内心世界所需架设的桥梁。从“垃圾场”到“农家小院”的转变是一次非常有教育价值的探索，很好地贯彻了《3—6岁儿童学习与发展指南》精神，重视幼儿生活和游戏的独特价值，充分尊重和保护其好奇心和学习兴趣，为幼儿创设丰富的教育环境。

传承民间传统游戏，丰富幼儿户外活动

传统文化进校园是当今作为幼教人的职责和义务，民间游戏则是我国优秀传统文化的重要组成部分，蕴含着丰富的文化内涵和教育价值，有助于促进幼儿身体、智力的发育和文化认同感的发展，并能有效促进幼儿身心健康和谐发展。

我们确定了办生态教育的新思路，把民间传统游戏作为园本课程，进行了“传承民间传统游戏，丰富幼儿户外活动”的特色教育，全面开展以民间游戏为主的游戏活动，取得了丰硕的成果。

一、搜集传统民间游戏，探索新玩法

教师和家长共同搜集、整理、筛选、创新、改编，引入幼儿园户外活动课程，并在实践中探索开展户外民间游戏的新玩法和组织形式。在不断实践、反思、创新、改进的基础上，形成适合幼儿开展的幼儿园户外民间游戏新玩法。

二、创设室内外环境，提高幼儿参与民间游戏兴趣

幼儿园游戏环境，是幼儿生活不可或缺的活动环境，是提升幼儿园游戏质量的保障，也是课程的组成部分，科学地为幼儿创设户外游戏环境，促进幼儿身心健康发展。

在原有活动区的基础上，进行现场教研，集思广益，共同梳理出适合民间游戏活动的环境改造方法。以图配文的形式把相应的民间游戏展示在活动区内，吸引幼儿游戏的兴趣，并可以根据图示进行游戏，大大增加了幼儿积

极性。

利用幼儿好奇、好动、好玩、喜欢野外生活的心理，堆积了一个小土坡来满足孩子们的需求。孩子们不断在土坡上游戏、玩耍、竞赛，一段时间以后，渐渐地已经不能满足幼儿的需求，在孩子们的互相交流中，利用捕捉到的信息，带领幼儿和教师共同设计孩子们想要的样子，改造一个更大的土坡，成为孩子们非常喜欢的活动场地。同时，改造了沙水区、野战区、民间竞技游戏区、民间益智游戏区、民间歌谣游戏区等，创设了温馨、整洁，幼儿喜欢且富有挑战的民间游戏活动区氛围，激发了幼儿参与民间游戏的积极性和创造性。

三、创建活动平台，展示教师和幼儿风采

1. 开展经验分享、交流活动，提升教师教研水平

为了进一步推动幼儿园民间游戏的开展，保教处带领全体教师现场教研，在户外活动、课间操、幼儿运动会、亲子活动中进行，活动中涌现出亮点的班级和教师，进行分享、交流、观摩学习等，提高了教师的专业素质和教育技能。

2. 为幼儿创设民间游戏活动的展示平台

为了让幼儿亲身感受中华民族的文化魅力，体验传统文化的乐趣。根据幼儿年龄、兴趣和爱好等特点，开展了民间游戏系列活动。如亲子游园、亲子运动会、重阳节、端午节等重大传统节日活动，通过龙狮表演、划旱船、骑毛驴、抬花轿、跳竹竿、跳大绳、跳皮筋等民间游戏，使幼儿对传统文化产生兴趣，能在轻松愉快的游戏氛围中获得成功的喜悦和积极参与的兴趣。

幼儿教育要跟随时代的步伐，更要传承民间游戏这一宝贵财富。因此，我们将继续努力挖掘民间游戏的教育价值，让民间传统游戏这朵小花在幼儿园和家庭教育中开得更加艳丽、光彩。

孩子们穿上传统节日的盛装，骑着“小毛驴”在户外游戏活动中高兴地追逐嬉戏，非常快乐，充分展现了民间游戏活动的乐趣！

图1

幼儿在沙水游戏中，通过角色游戏和建构游戏的互换与整合，尽情地玩耍，进行天马行空的想象与创造，与自然和谐交响，并从中享受快乐，健康成长！

图2

快乐游戏，自主发展

在幼儿园里，孩子最大的快乐莫过于游戏，游戏是幼儿存在的方式，也是他们最开心的事情，自主、自由和创造性的游戏伴随并影响孩子一生。

玩教具是幼儿最好的“教科书”。好的玩教具将科学性、教育性、创新性、趣味性融为一体，更能调动幼儿的学习兴趣，让孩子在游戏中不断构建自己新的最近发展区，在玩的过程中不断丰富认识、拓展思维和想象，探索更丰富、更有意义的玩法。根据幼儿发展需要，幼儿园教师最喜欢低结构材料设计制作的开放式低结构玩教具，例如多种颜色、材质、不同形状设计制作的会变的魔术包益智玩具，PVC管设计制作的户外运动玩教具组合管道；奶粉罐、各种长短不一的圆柱形纸筒，设计成科学玩教具纸筒玩具等。这些玩教具结构简单，可操作性强、可变性强、可塑性高，而且可探究的空间较大。一物多玩能让幼儿在自由、自主、自发的状态下得到发展，不断激发孩子探究的兴趣，发挥着重要的价值和作用。

例如小班幼儿喜欢的各色大小不一的瓶盖、长短不一并且已经开好插口的色彩鲜艳的吸管，搭配上各种形状的雪花积木投放到建构区，孩子们可以自由拼插、组合建构和创作；各色冰糕棒、筷子、稍微加工的魔术贴，搭配上各色纸杯、纸板或者各种稍大的砖块积木，再搭配上几块布、竹竿等开放性材料设计制作的玩教具，更能激发孩子们去创新设计大桥、城堡、迷宫、剧院、摩天轮，并乐在其中。

越来越多的工作经验发现最好的玩教具永远是免费的。游戏活动中，为孩子提供原生态、简单、多元系列的材料，如沙、水、泥加上自然材料的树叶、花朵、木棍、石头、贝壳、木棒等，这些玩教具材料在游戏中全程都由孩子主导，整个过程主动而且专注。大龄孩子则喜爱刺激的挑战性的趣味野战玩具，以及探索性强的扑克牌、棋类、冰糕棒等玩具材料，激发孩子更愿意尝试设计制作摩天轮、长江大桥、古城等，孩子们不仅探索各种玩法，还快乐享受着成功的体验。教师在开展中需要注意以下问题：

（1）在游戏中，教师不要为低结构玩教具设置明确的规则，要根据孩子的年龄特点考虑层次性、递进性，不断更新玩教具材料，满足幼儿不同的发展需求。

（2）教师注意观察活动中幼儿的游戏行为，解读幼儿内心体验，有效指导幼儿游戏。在游戏中做富有童心的游戏伙伴，同时能及时发现幼儿的最近发展区，并完成经验共享。

（3）根据幼儿的年龄特点和发展需求，及时更新部分材料投放，投放的玩教具种类、样式不能过多，否则会分散幼儿对知识经验的学习和关注。

（4）用低结构玩教具游戏进行设计玩法—动手操作—反思—经验分享四个环节，以此推进游戏活动，引导幼儿养成先思再做、边做边思的习惯。

兴趣是最好的教师，让幼儿做游戏的主导者，自主选择游戏的主题、玩具以及游戏的玩法，做自主游戏的真正主人。教师以游戏活动为切入点，挖掘低结构材料核心价值为重点，真正做到幼儿玩真游戏，有真体验，获真快乐！

第四篇
教学实践篇
阅读

“农家小院”诞生记

观察对象： 大六班

观察时间： 上午区域活动时间

观察地点： 生活体验区

一、活动内容及过程

（一）观察记录一

在户外生活体验区，孩子们在娴熟地进行着他们的烹饪：熬粥、做菜煎饼、煮咖啡、炒菜等。他们把沙子、树叶、石子等拿来做食材，忙得不亦乐乎！

图1

钟阳拉着我说：“老师，喝一杯我们煮的咖啡吧！味道好极了！”我说：“好啊，我来尝尝咖啡的味道！”钟阳又说：“如果你运气好的话，很有可能喝到宝石噢！”我说：“真的吗？那我得赶紧喝，看看我的运气怎么样？”说着便端起“咖啡”放到嘴边，钟阳又大叫起来：“哎！老师，你可别真喝啊，咖啡是假的，宝石也是假的，它其实就是一颗小石子！你就假喝吧！”我笑着点了点头，装作喝咖啡的样子，喝了一口说：“嗯，咖啡的味道真不错！”

图2

1. 分析

其实这个生活体验区是我们利用一些闲置的置物架、桌椅、各类锅碗瓢盆，为孩子创设的一个室外的生活体验区。经过一段时间的风吹雨打和使用，这个地方远远望去，就像一个“垃圾回收站”，加之又处在幼儿园的门口，有些教师认为这个地方太影响幼儿园形象了，而且这个区域不好清理，已经有教师建议拆掉。今天看了孩子们的活动，听了孩子们的想法，陈旧、简陋的厨具和环境并没有影响孩子们游戏的兴趣，何不将这个区域改造一下，让它变得更适宜孩子们开展生活游戏呢？

2. 推进策略

结合幼儿生活经验，和孩子一起讨论厨房的改造设计。同时，引导幼儿结合自己家的样子，说说我们这里的厨房怎样？孩子们纷纷说：太乱，还有点脏、没有吃饭的地方等。基于此引出问题——重新设计厨房。

（二）观察记录二

1. 首次调整

问题抛出后，孩子们便开始了设计厨房，他们讨论起需要怎样的一个厨房？“我们家里的厨房小，只要够爸爸妈妈做饭就可以了，这里的厨房需要很大，这样我们才可以都进去做饭啊。”“那我们就多做几间小房子吧！”

图3

2. 二次调整

于是，孩子们又开始重新设计，最后决定拆掉墙体，只保留屋顶，一间房子作为厨房、另一间作为餐厅。

图4

在孩子们的设计主导下，幼儿园对户外生活体验区进行了改造，使厨房、餐厅、客厅与养殖角和种植角自然融为一体，一个“农家小院”便诞生了！

图5

二、分析反思

（1）在孩子们的思维主导下，幼儿园基于孩子发展需求，尊重孩子的意愿，及时调整，使之更适宜孩子游戏需要。将生活体验区与养殖区、种植区整合，改造为“农家小院”，为幼儿创造“真游戏”的真实环境。

（2）教师从孩子的兴趣和需求出发，尊重孩子的意愿，让幼儿参与环境创设，使幼儿由单纯的游戏者、欣赏者变成了计划者、参与者，帮助幼儿树立主人翁意识，从而增强孩子的自信心和游戏的兴趣。

（3）在以后的区域游戏中，给孩子真实的生活体验，提供自由、自主、愉悦、创造的空间和环境，进一步引导孩子在游戏活动中通过直接感知、亲身体验、实际操作获取经验，从而真正实现课程的游戏化、生活化。

从土坷垃到小山坡

一、活动内容及过程

（一）观察记录一：土坷垃有什么好玩的？

不想玩滑梯，不想玩攀登架，仿佛幼儿园户外活动区里的所有大型玩具瞬间失去了欢乐的魅力……孩子们像发现了新大陆似的一股脑儿地爬上了一堆土上！没错，就是一堆土，还是幼儿园北边的活动区因挖泥池而临时堆积出来的一大堆土坷垃。土坷垃有什么好玩的？只见孩子们兴奋地蹿上蹿下，学着飞机的样子一会儿呼啸着飞上去，一会儿横冲直撞地飞下来，令人磕磕绊绊的土坷垃成了挑战急速飞行的宝地。“爬山喽！冲呀！”李正刚小朋友显然变成了小首领，孩子们跟着一呼百应地开始了冲刺。几个来回后，孩子们的新鲜劲儿显然下降了不少。大嗓门乐乐叉着腰炫耀地说：“这么小，哪是山啊，我去过奶奶家那里的山，比这个高多了，还能从上面滚下来呢。”孩子们你一言、我一语地炫起来，我也不失时机地向大家提议道：“改改咱们这里的土堆不就好玩了？”“老师，这个土坡太矮了！”“老师，我们想堆个高高的土坡玩！”我赶忙接道：“走喽，咱们回去先设计设计，就动工建大土坡喽！”孩子们一听主意不错，连奔带跑地“杀”回了教室。

1. 分析

幼儿心理好奇，而且好动、好玩、喜欢野外生活、喜欢成功……令人意想不到的是一堆土坷垃却一不小心满足了孩子们的小小心理。

2. 推进策略

本想适时投放铲子、水桶、网兜等辅助工具，来推进孩子们土堆游戏的新探索，但是考虑到土堆毕竟是临时挖出堆积的土坷垃堆，里面不免混有玻璃碴儿、铁丝、尖锐物体等，存在一定的安全隐患，所以我决定适时开启并加入孩子们的讨论，导向一下孩子们的探索点。

（二）观察记录二：土坷垃怎么变身山坡？

孩子们回到教室后，一股脑儿地围了我个水泄不通，乌拉乌拉地说着各自的想法。“天呐！我听不过来了，听不明白啊，怎么办呀？”我半求饶式地向小朋友们求助。“都停下来！老师什么也听不见了！”小壮化身正义小使者，“说不明白了，我画出来给老师看！”小绵赶忙去拿画笔和画纸。其他小朋友也好像找到了救命稻草一样，赶忙去拿画笔和画纸。“大家都按照自己的主意，画出设计图，然后说说自己的设计，咱们一起想办法实现你们的愿望！”孩子们一听高兴极了，认认真真地开始设计起来。

“我想把滑梯埋在土底下，这样山坡就高起来了……”

“把院子里的树埋在土里……”

“再多挖些土，堆起来不就行了……”

1. 分析

在孩子们看来，凡是幼儿园里高高的东西埋上土就能变身大山坡，滑梯、大树、攀登架、教室无一幸免。尤其是用图画方式表征出来，看上去、听上去太完美了，简直就是一件件伟大的建筑作品。接下来，和孩子们的讨论重点一下子落进了“到底把幼儿园的什么东西埋起来”的假设旋涡。

2. 推进策略

“垫高”的基本思路是可行的，但是实际操作上到底用什么来垫高、怎样垫高对于孩子们来说确实是在认知之上、经验之外的。园务会研究后，决定借由这个教育契机在幼儿园的野战区实地建造一个山坡。

（三）观察记录三：山坡底下埋了什么？

就利用了一个双休日的时间，幼儿园请专业团队真的在野战区实地建起了一个小山坡。周一回园的孩子们兴奋地跑上跑下、欢呼雀跃，似乎一时间忘记了“把什么埋起来”的重要问题。“快来看，这里有个山洞，能钻进去！”终于，尚尚的大发现重新唤起了孩子们心中的疑问。“这儿埋了个洞！”九九喊道。“是个大管子！”李正刚吼道。我连忙向小朋友们解释道：“这里埋了根特别大的水泥管，坡就高上去了，还通了个大洞。”“是管道吧，像我们家的乐高……”孩子们争论着、玩闹着。

1. 分析

幼儿园取材坚固的水泥管支撑起了整个小山坡，水泥管既可以撑起坡度，又撑起了一个秘密通道。孩子们在上上下下、钻进钻出中体验着游戏的快乐，水泥管的奥秘也就迎刃而解了。

2. 推进策略

减少说教式的知识解释，直接让孩子们在游戏活动中寻找线索、体验过程。在之后的室内区域活动中，我适时发起“小山坡”的主题建构任务，引导孩子们在进一步的游戏活动中实现经验积累和经验迁移。

二、分析与反思

（一）问题导向

从“土坷垃有什么好玩的？”到“土坷垃怎么变身山坡？”再到“山坡底下埋了什么？”题来源于孩子们的真情实感和关注点，有效推动了活动的主线开展。

（二）追随幼儿

教师能够善于发现幼儿感兴趣的事物、游戏和偶发事件中所隐含的教育价值，把握时机，积极引导，不断创新、创设适宜幼儿发展的户外游戏环境，鼓励幼儿在自然、真实的环境中自主学习。

（三）大胆想象，实际感受

从埋滑梯、埋大树，到埋攀登架、埋教室，孩子们为了一个土坡真的是倾“园”荡产了。孩子们的想象来源于幼儿园的实际生活，所以我们就想在幼儿园生活中给孩子们一个实际答案，不用太多的道理说教，不用烦琐的表征，让孩子们在钻爬游戏中尽情体会，在建构游戏中实现有效迁移。

快乐沙水游戏案例

一、创设背景

幼儿园是以游戏为基本活动的。玩沙游戏是指儿童借助玩沙的工具或材料，对沙子进行操作的游戏活动，可以说，玩沙是幼儿最喜爱的活动之一。《幼儿园教育指导纲要（试行）》指出："幼儿园应为幼儿提供健康、丰富的生活和活动环境，满足他们多方面发展的需要，使他们在快乐的童年生活中获得有益于身心发展的经验。"《幼儿园工作规程》中第三十一条规定了"幼儿园应有与其规模相适应的户外活动场地，配备必要的游戏和体育活动设施，并创造条件开辟沙池、动物饲养角和种植园地"。晓墅幼儿园利用宽阔、开放的自然户外环境，在操场的向阳背风处创设了沙水游戏区，在沙池附近筑了一个水池，方便就近取水，为幼儿快乐游戏提供了丰富的游戏环境。

二、教师预期

（1）在玩水的活动中了解水的特性，培养对自然的兴趣。

（2）了解水的用途，知道节约用水。

（3）喜欢沙水区活动，感受游戏带来的乐趣。

三、游戏玩法

幼儿自主探索沙水区的游戏玩法，教师根据情况适时介入、引导。

四、活动内容与过程实录

（一）游戏：自主探索

观察记录：区域活动开始了，我把小朋友带到沙水活动区让小朋友自由探索沙子的玩法。

图1

（二）游戏分析

在开学初的几次玩沙活动后，我自己也在不断反思，原本是很有趣的玩沙活动，为什么我们班的孩子玩起来似乎有些乏味与重复，心中没有确定的目标，不知道看什么。教师在组织沙水游戏时多以观察者自居，除了对幼儿的安全规则进行提醒外，不知道如何介入幼儿游戏，孩子在挖沙游戏的水平上没有提高，往往局限于简单的操作、摆弄。我也针对本班的特点对沙水游戏中出现的问题进行了分析。

1. 材料多、杂、乱且功能单一

刚开始玩沙游戏时，幼儿园在沙池旁为孩子们配备了玩沙工具，如铲子、小桶和各种容器，这些工具能引发孩子堆沙堆、装沙子、挖沙坑的行为，但很难引发孩子更多的创造性。所以在材料的分发中，幼儿多半喜欢拿最大的那几样工具，也是希望在玩沙游戏中有所创新。

2. 合作意识薄弱且分工不合理

《3—6岁儿童学习与发展指南》中指出："引导幼儿体会生活中很多事情都是有一定顺序和规律的。"在玩沙游戏中，幼儿与同伴和教师的交往，能凭借伙伴之间、师生之间的相互作用，激发出参与活动的主动性与积极性，但是消极负面的同伴关系也同样会给幼儿的交往带来影响。

3. 主题流于形式且缺乏内容

幼儿最初的创造始于模仿。幼儿通过模仿学习一些知识经验，形成了一定的知识背景，就能进行简单的创造活动了。因此，我在前几次玩沙时与幼儿平行游戏，在幼儿能看到的地方与幼儿使用同样的工具堆高、筑堤、挖河、掏洞、修路、种树等，使幼儿得以观察、模仿。

玩沙是一种创造性游戏，针对我在玩沙活动中的尝试与实践，我班的孩子渐渐从无目的、无主题的玩沙向主题式的玩沙模式转变，这样的模式既避免了幼儿对玩沙工具选择的盲目性，同时也丰富了幼儿的玩沙体验。

（1）合理投放材料，成为孩子游戏的保障。

（2）注重分工合作，鼓励孩子参与游戏。

（3）正确指导回应，推动孩子创新游戏。

幼儿园自然角创设

幼儿园的植物角最主要的活动是供幼儿观察和劳作。在教师的指导下，幼儿细致观察和亲身参与种植活动，从中发现植物的特征和变化，培养幼儿细致的观察力，从而激发起幼儿对自然的兴趣，以及探索大自然奥秘的欲望。

一、植物角存在的问题

通过观察，发现我班的植物角存在着一些问题。

（一）植物种植缺乏科学性

植物角的植物种类匮乏，绝大多数仅是一些观赏植物，植物生长情况不明显，不利于幼儿观察。

（二）种植劳作工具缺乏

在植物角中，没有相应的劳动工具，幼儿缺乏植物角的种植和管理的媒介。

（三）幼儿植物角参与的普遍率不高

植物角保教教师包办照料现象较为普遍，幼儿亲自参与的积极性、可能性、全体性较低。

二、解决措施

如何创设合理且幼儿能进行自我管理的植物角呢？我觉得，可以尝试以下几种措施。

（一）提供丰富的植物种类

在植物角中，教师可以请家长协助，共同为幼儿提供丰富的植物种类，具体如下所示。

1. 植物种子的标本

为便于幼儿观察植物，寻找异同，可用废旧的铁罐头盒、小碗、小盘、塑料点心盒等种植物，如种应季黄豆等。

2. 发芽的种子

种子生长的过程充满乐趣，幼儿在细致照料的过程中，亲自参与、了解，感受植物生长变化，完成观察记录，体验生长的奥妙。

3. 观赏植物

各种观赏植物可以美化活动室内外环境，调节因季节而造成的单调色彩，从而使活动室充满生气。

4. 采集树叶、野外植物

幼儿走进大自然，采集各种树叶、树种和野生植物，并学会简单的保存方法，如将树叶拼成动物或其他图案粘贴在植物标本册上、将野生植物移种回幼儿园照料等，从而激发幼儿对大自然的探究欲望。

（二）确保幼儿亲自参与的机会

1. 提供工具

教师在设置植物角的同时，还要不断地准备必需的照料工具。如喷壶、小铲，并动员幼儿收集各种废旧小瓶、小盒、饮料桶等。同时，还需要教给幼儿一些劳动技能及正确使用工具的方法，这样不仅能培养幼儿废物利用的意识，而且也能提高他们的植物照料能力。

2. 提供机会

有了照料植物的工具，教师还应当为幼儿提供充裕的照料时间和全体幼儿参与的机会。教师可以请幼儿每人准备一个盒子，如方便面盒子、塑料杯等，请幼儿每人都种植一棵植物或一粒种子，平时，幼儿可以自己照料、观察植物生长情况，或和同伴一起说说，自己的是什么植物、它长得怎么样。把照料植物的责任承包给幼儿，定能激发他们参与植物角管理的热情和积极性，同时也更能发挥植物角的价值和作用。

（1）改造前的植物角

图1

（2）改造后的植物角——幼儿参与并观察大蒜的生长过程

图2

（3）观察记录

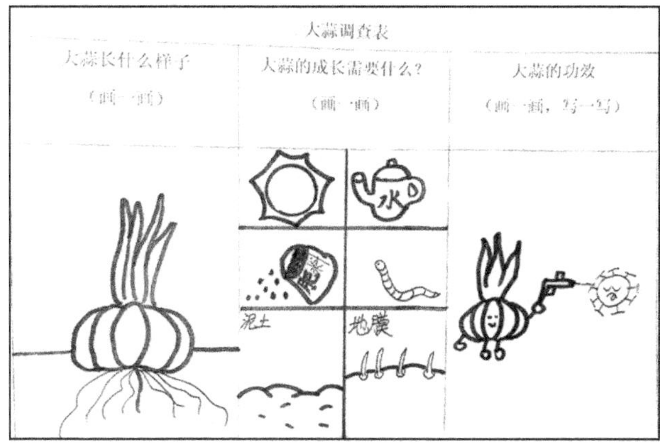

图3

巧变扇子

一、问题产生

我们的走廊里有许多面白墙，看上去空空荡荡。经过了解，我们的孩子也希望我们的走廊可以丰富多彩起来，每一个孩子都很心灵手巧，想要积极参与环境创设。

图1

二、环境设计

孩子们争先恐后地说着自己的各种想法，教师趁机邀请小朋友来设计他们喜欢的扇子，小朋友们拿起手中的画笔开始设计。当他们分享的时候，李明濂小朋友说："我们直接在扇子上画画吧，这样子就会变得很漂亮了。"邵静茹小朋友说："我们用小珠子、贴纸，粘在扇子上当装饰。"

图2

问题一：用什么工具在扇子上绘画？

教师提供了很多种水彩笔、油画棒等，最后小朋友选择了容易上色的水粉进行绘画，对纯色扇子进行装饰。

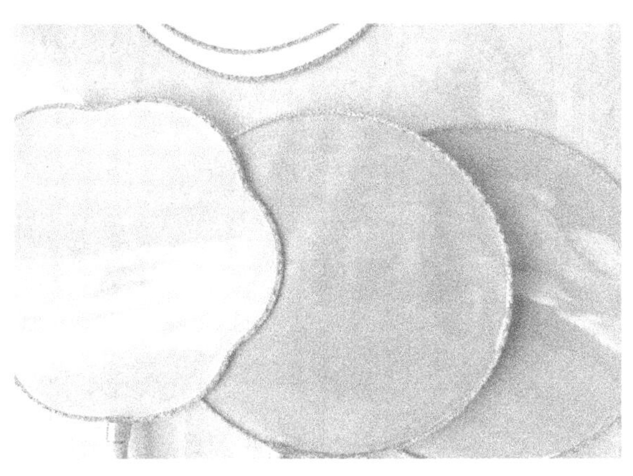

图3

问题二：怎样把装饰物布局在扇子上会更漂亮？

每个小朋友都有自己的摆放想法和装饰物选择，教师提供一些漂亮的干花、树叶、芦苇等材料，小朋友们非常喜欢和教师共同探讨，顺利完成了扇子的装饰工作。

图4

三、总结与反思

孩子们通过动手、动脑，在亲手参与环境布置的教学过程中，获取了新的知识经验，他们对自己布置的环境也有一种特殊的喜爱和亲切感，从而更加充分地与环境互动，体验到了合作的快乐。

书架上的“小路”

一、问题产生

我们的书架是这样的，小小的三层书架，却要装下各个种类的一大摞书，孩子们真的很喜欢阅读，但是取放有序似乎很难做到，最后导致书架变成了这样。我们也曾试过各种取放方式，图示对应或者数字对应等，但是效果却并不太好，有一天教师指着乱七八糟的书架对孩子们说：“你们看，昨天我们的图书告诉老师，它们要‘离家出走’了，它们不喜欢它们的家了，因为它们的家太乱了。”孩子们你看看我、我看看你开始讨论起来。有的不可思议地笑着说：“书要离家出走？”有的说：“我都放好了，是李忠席看完书没有放回原位，我看到了。”就这样，孩子们你一句、我一句地说着。

二、环境设计

孩子们虽然带着怀疑，但是还是不希望图书“离家出走”。教师趁机邀请小朋友来设计他们喜欢的书架，他们拿起手中的画笔开始设计。当他们分享的时候，黄奕佳小朋友说：“老师，我给小书架设计了路，这样他出来，回家就都有路走了，就不会迷路了。”谢一磊小朋友说：“老师，我想把图书分成高个子书和矮个子书，胖胖的书和瘦瘦的书，这样小书本就可以叠（摞）到一起，不会乱了。”

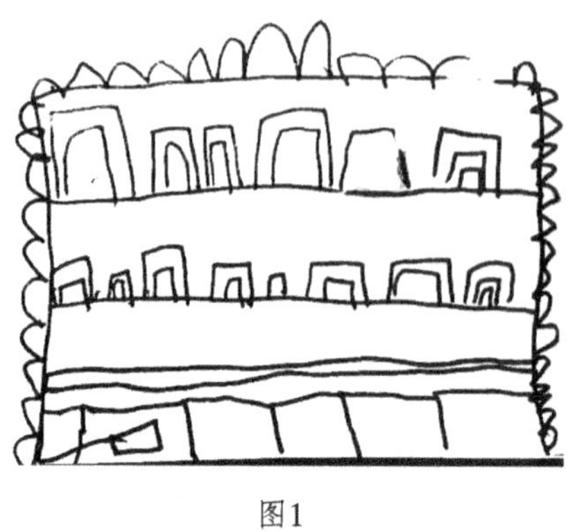

图1

问题一：小书架上的路怎么让小朋友和图书看到呢？（如何做标记呢？）

教师提供了很多种选择，比如即时贴、书签等，最后小朋友选择了他们最喜欢的贴画作为小路的标志。

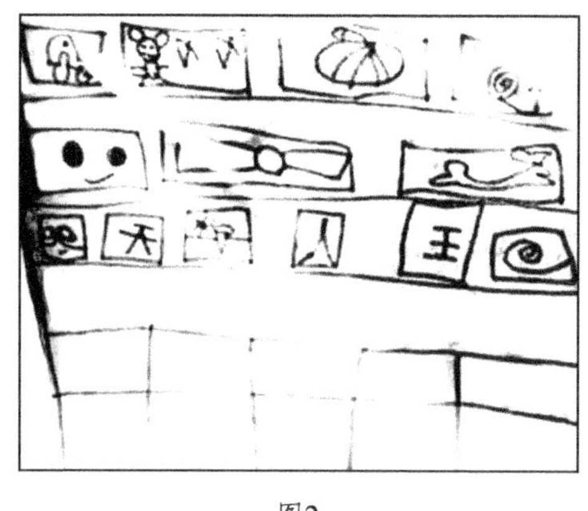

图2

问题二：书架上的图书怎么分高矮胖瘦呢？

这对于孩子们来说也并不难，孩子们已经学过了二次分类。但是，有很多小朋友在分类的时候没有按书脊的高度来分，后来在提醒下也完全分好了小图书，并顺利完成了分类。

问题三：书架上的房间怎么分呢？谁来和谁做邻居呢？

经过一番讨论和商议，孩子们一致通过最高一排的书架给“高个子图书们”，中间一层给“矮胖图书们”，最后一排给“矮个子图书们”。

图3

经过一段时间，虽然没有烦琐的对应图画和数字，我们的图书也被整齐地放在书架上。

三、总结与反思

在这个活动中，教师充分放手，让孩子们参与环境的改造与创设，充分调动了孩子们参与的积极性，分享与采纳他们的意见，让他们成为环境的改造者，成为环境的主人。孩子们在后来的环境维护中也会更加积极主动，书架上的小路给了图书顺利回家的路。在这次活动中，孩子们将图书拟人化，分出高矮胖瘦，但是有一些图书确实很难区分，二次分类时“高个子”中的“胖书”，“矮个子”中的“胖书”没有让孩子们去细致地分类，所以导致后期书架上面的胖书还是有些杂乱。后期会让孩子们将书的种类再做细分，将每一组图书明确书架位置，效果应该会更好。

好玩的轮胎

一、活动背景

（一）游戏来源

轮胎区是我们班小朋友最爱的一个区域，而看似很普通的轮胎却给幼儿带来了很多的乐趣，他们也探索出了轮胎的多种玩法。根据《3—6岁儿童学习与发展指南》（以下简称《指南》），大班幼儿要在动作发展中达到能在低矮物体上平稳地走一段距离，能匍匐钻爬、跳过一定远高度的物体等目标。而轮胎游戏很好地促进了幼儿平衡能力、动作协调性的发展。

（二）材料

轮胎。

（三）教师预期

（1）探索轮胎的多种玩法。

（2）在游戏中促进幼儿走、跑、跳、钻、爬等动作技能。

（3）喜欢体育活动，感受游戏带来的乐趣。

（四）游戏玩法

幼儿自主探索轮胎的游戏玩法，教师根据情况适时介入、引导。

对于每一个教育环境的创设，我们除了用它来教育幼儿外，也努力营造出具有造型美、色彩美、艺术美以及富有童趣的美的氛围来感染幼儿。幼儿园环境是否具有审美价值，是否具有教育性等，都会对幼儿园文化产生一定的影响。

二、活动内容与过程实录

（一）游戏：自主探索

1. 观察记录

区域活动开始了，我将轮胎投放到活动区让小朋友自由探索轮胎的玩法。

小朋友们在轮胎上走来走去，还有的小朋友玩“打地鼠”。

图1

旁边的徐浩然小朋友和张横溢小朋友在讨论新的玩法。

图2

徐浩然开心地说：“看看我的风火轮，走你。”

图3

仲子诚也不甘示弱地说："看我的空中飞人。"

图4

2. 分析

在本次活动中，教师通过提供轮胎这一低结构材料，让幼儿自己探索轮胎的玩法，并为幼儿提供充足的时间和空间。从幼儿的行为看，轮胎游戏包含了走、跳、滚、转等动作技能，幼儿也根据自身的条件选择适合自己的游戏，在活动中既有个人行为，也有合作行为，幼儿的探索兴趣很高。

3. 调整推进

为了探索游戏的更多玩法，教师适当介入指导，我以参与者的身份进入游戏中，通过“我有和你们不一样的玩法”的活动，激发幼儿的兴趣。

把轮胎不规则地投放到地上，幼儿用青蛙跳按照顺序一个一个跳过，我给它起名“过雷区”，并强调一定要“青蛙跳”。

图5

齐浩然、陈子旭和张腾锐三名小朋友将三个轮胎叠加在一起，看谁最勇敢。

图6

哇，张腾锐和陈子旭小朋友离开了，齐浩然小朋友最终挑战成功。

图7

孩子们个个玩得热火朝天，都沉浸在游戏的快乐中。这时，看看小朋友在商量着什么，一会儿就动起手来搭建了一辆小火车，他们成功了，看他们玩得真开心。

图8

（二）活动特点

该活动合理地应用了低结构材料——废旧轮胎，对于幼儿综合能力的发展起到了促进作用。在教学游戏中，幼儿通过自己尝试玩，到创新玩，再到自主设计玩，不仅发挥了幼儿自身的主观能动性，而且在该活动中幼儿自发积极地跑、跳、走、钻、爬。同时，对于《指南》中指出的需发展幼儿的平衡能力、动作协调能力、灵敏度等都有很好的促进作用。而这也是对幼儿体能活动探究式学习一次很好的尝试。《指南》中指出幼儿通过观察、比较、操作、实验等方法，学习发现、分析和解决问题，帮助幼儿不断积累经验，并运用于新的学习活动中，形成受益终身的学习态度和能力。在活动组织过程中，教师尝试了更多的方法，例如作为一个参与者对幼儿进行启发式的教育。幼儿在该活动中能分角色，分配任务，共同合作完成搭建任务。

幼儿园环境创设应着眼于丰富幼儿的知识，提升幼儿的能力，激发幼儿的好奇心和求知欲。环境的美化，可以培养幼儿感受美、欣赏美、表现美的情趣和能力。我们应从尊重幼儿的审美兴趣，满足他们的审美需求出发，进行环境的创设。

挑小棒

一、设计意图

游戏是童年生活不可或缺的一部分，它是孩子童年的欢乐、自由和权利的象征，丰富多彩的游戏可以促进孩子的身心健康发展和智力发展。挑小棒是一种传统民间游戏，曾经给了无数成年人儿时无限的快乐，而且游戏方便、易操作，能较好地训练手的小肌肉群，以及幼儿的观察力，它要求游戏者具有一定的合作意识和遵守规则的意识。大班的幼儿，能够选择自己喜欢的玩伴，也能与三五名小朋友一起开展合作性游戏，他们的规则意识逐步形成，开始学习着遵守集体的一些共同规则，手的小肌肉快速发展，已能较为自如地、较有技巧地运用和控制手指、手腕的动作。挑小棒已经适合在大班幼儿中开展，而且大班是幼儿在园的最后一年，是孩子从幼儿园到小学之间的一个转折过渡期，教给孩子一些浅显、易于开展的游戏，将会给孩子今后的小学生活带来无限的乐趣。

二、活动设计

（一）活动目标

（1）锻炼手的小肌肉群；训练观察力。

（2）培养合作意识和竞争意识。

（3）巩固分类、排序的知识。

（二）活动准备

红、黄、蓝混色小棒若干束（每2名幼儿一束），操作演示用的彩色小棒（稍长、稍粗）一束。

（三）活动过程

1. 开始部分

做趣味手指操，活动小肌肉群。

师："把能干的小手伸出来，我们来做趣味手指操。"

师幼一起做手指操。

2. 基本部分

（1）说说小棒的用处

教师出示若干彩色小棒（操作演示用的小棒）："我这里有一些彩色小棒，它是一些很有用的小棒，谁能说说这些小棒有什么用？"

幼："可以用来数数。"

幼："可以摆小路。"

幼："可以摆房子。"

幼："可以摆冰箱。"

师："小朋友真聪明，说出了小棒的好多用处。"

（2）学习小棒的新玩法——挑小棒

师："我知道小棒的另一种好玩法，是我小时候经常和好朋友玩的，叫挑小棒。谁想上来试一试？"

幼：（举手）"我想。"

① 学习把一束小棒往下撒。

教师请一名幼儿上来："请你从盒子里拿起一束小棒，然后把手上的小棒弄整齐，再把抓小棒的手往地板上松开，让小棒落在地板上。"

幼儿手拿一束小棒往地板上撒。

② 说一说、试一试，把小棒一根一根地捡起来（不能碰到其他的小棒）。

师："小朋友们看看，整整齐齐的一束小棒散落在地上是怎么样的？"

幼："很乱。"

幼："堆在一起了。"

师："谁有办法把小棒一根一根地捡起来？捡小棒的时候不能碰到其他的小棒。"

幼：（举手）“我有办法。”

教师请2名幼儿独立尝试从一堆小棒中捡起其中的一根小棒。

师：“小朋友们要看准他们捡小棒时有没有碰到其他小棒。”

③ 学习挑小棒的方法。

师：“刚才小朋友捡小棒的时候，碰到了其他的小棒。现在，老师教小朋友们一种不会动到其他小棒的方法。”

教师边操作边说：“先捡起一根散落在旁边、又没有被压到的小棒，然后看看哪根小棒是在最上面的，再用手上的这根小棒把它挑起到外面。”

师小结：“老师是用挑的办法捡小棒的。挑小棒时，一定要看清楚哪根小棒是最上面的，没有被压的小棒才容易挑起来。同时注意把小棒往没有小棒的方向挑，就不会碰到其他小棒了。”

师：“还有谁想上来试一试。”

幼：（举手）“我想。”

个别幼儿上来，继续把散落在地板上的小棒挑起来。

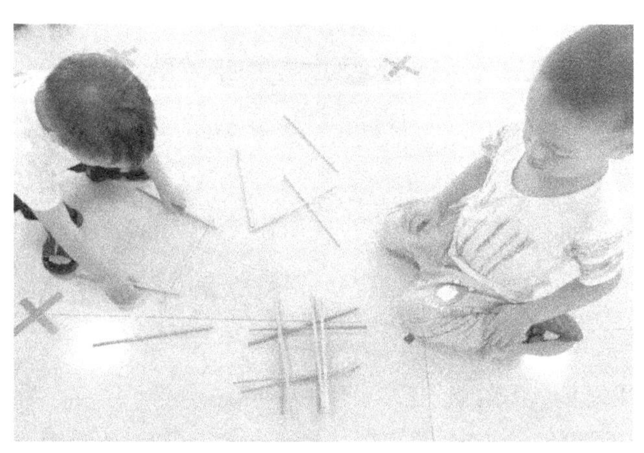

图1

（3）玩挑小棒的游戏

① 学习挑小棒游戏的规则：

师：“小棒很好玩，很多大人们在小时候都这样玩过小棒的游戏，叫挑小棒。这个游戏可以2个人玩，也可以几个人玩，大家可以先商量，由谁来撒小棒。挑小棒的第一条规则：撒小棒的小朋友把一束小棒握在手中，一端立在桌面，松开手，让小棒自己散落在桌上。挑小棒的第二条规则：小朋友轮流把桌上的小棒挑起来，每次只能挑一根，挑小棒时不能碰到其他小棒，如果碰到其他小棒了，就要让给下一个人挑棒。挑小棒的第三条规则：大家轮流挑小棒，直到小棒完全被挑完，最后数数谁的小棒多，数量多的获胜。”

② 幼儿每2人为一组玩挑小棒的游戏。

幼儿玩游戏：大多数幼儿能协商谁撒小棒、谁先挑小棒；开始时较多幼儿没能看清楚最上面的小棒，有的幼儿挑小棒的时候没有看清楚方向，重复几次后，大多数幼儿基本掌握了挑小棒的方法，幼儿游戏积极性高。

教师巡视幼儿的游戏，有针对性地及时给予恰当的指导：引导幼儿互相协商由谁来撒小棒、谁先挑小棒；对能力强的小组或先挑完的小组，教师引导幼儿把小棒按颜色进行分类，按各种颜色小棒的多少进行排序。

3. 结束部分

教师小结幼儿的游戏情况，帮助幼儿进一步熟悉游戏的玩法和规则。

师：“刚才小朋友都很认真地玩游戏，会商量由谁来撒小棒、谁先挑小棒；挑小棒的时候能先看清楚哪根是最上面的，还能够把小棒小心地往外面挑。挑小棒的游戏真好玩，回家了问问你们的爸爸妈妈有没有玩过挑小棒的游戏，让爸爸妈妈和你们比赛，看谁挑的小棒多。”

三、活动反思

（1）我选择的挑小棒游戏活动，因为符合大班幼儿的年龄特点，是幼儿感兴趣的活动，对幼儿具有一定的挑战性，同时又具有一定的竞争性。因此，幼儿在活动中始终是积极的参与者。

（2）在活动中，我尽力做好幼儿的引导者。挑小棒游戏因为需要掌握一定的技巧和遵守一定的规则，为了使幼儿更好地了解和掌握这些技巧和规则，我不是直接把游戏的玩法教给幼儿，而是通过激起幼儿兴趣，让幼儿亲自演示操作、观察演示来了解，然后我再做小结，使幼儿更理解游戏的玩法和规则。

（3）挑小棒是一项需要仔细观察判断，较好地运用和控制手指、手腕动作才能进行的活动。因此，幼儿在活动中，手部的小肌肉群得到了较好的锻炼，观察、判断能力也得到了较好的训练，游戏中，幼儿表现了较好的耐心和细心。

（4）关注不同层次幼儿的需求。在活动目标的设计、活动材料的准备和幼儿活动过程中，我能考虑和照顾到不同层次幼儿的需求，如准备彩色小棒为能力强的幼儿在游戏中的分类、排序提供支持。

有趣的剪纸

一、设计背景

剪纸是我们中国的传统民间手工艺术，也是孩子们喜爱的一项活动。剪纸是用剪刀或刻刀在纸上进行艺术加工的一种形式，孩子们通过剪纸活动初步掌握简单的剪纸技巧，感受剪纸的乐趣，激发他们对传统手工作品的喜爱。因此，我设计了这项活动，然后和于老师商量留出一面主题墙，请幼儿和教师一起将他们的作品布置在主题墙上。

二、制订计划

图1

在设计这项活动前，我们先通过讨论的形式，一起讨论：自己想剪出什么图案，并和伙伴交流自己的想法，然后用绘画的形式表现出来。孩子们的想象力十分丰富，各自表达了自己不同的想法。

邹文轩："我要剪一座小房子。"

张云泽："我要剪一只小螃蟹。"

姜茗馨："我要剪一朵小花。"

接着曹素、韩依辰、池晓然……许多小朋友也来参与玩剪纸。

三、发现问题，引导幼儿学会解决问题

（一）让孩子自己动手

我为孩子们准备了材料，孩子们高兴地动起手来。在观察过程中，我发现大多数孩子们都是采用在纸上画好轮廓，然后沿着轮廓剪出来，只有曹素小朋友在采用折叠方法后，根据自己的想法剪出不同的图案。于是，我给孩子们出示了一些简单的剪纸方法图，帮助幼儿学习更多的剪纸方法。

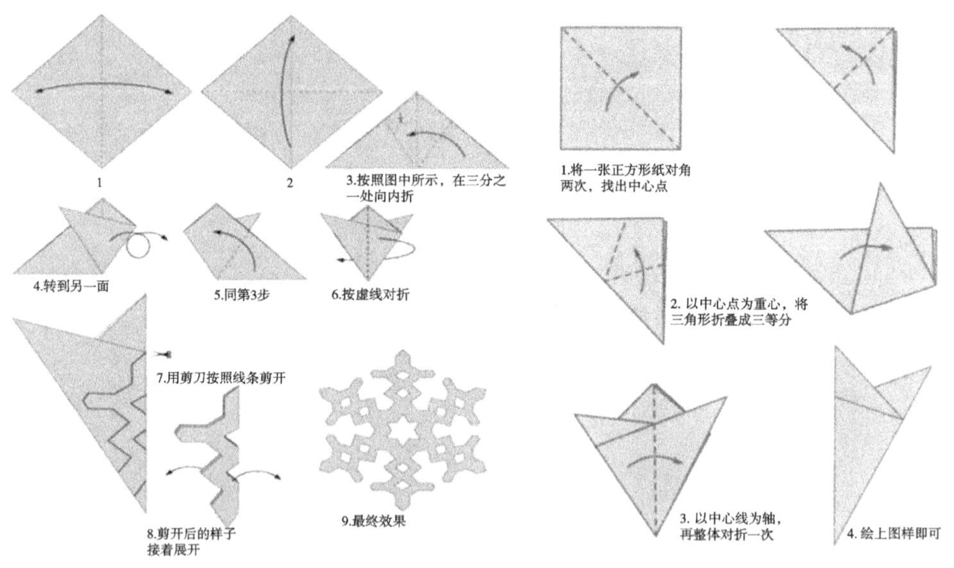

图2

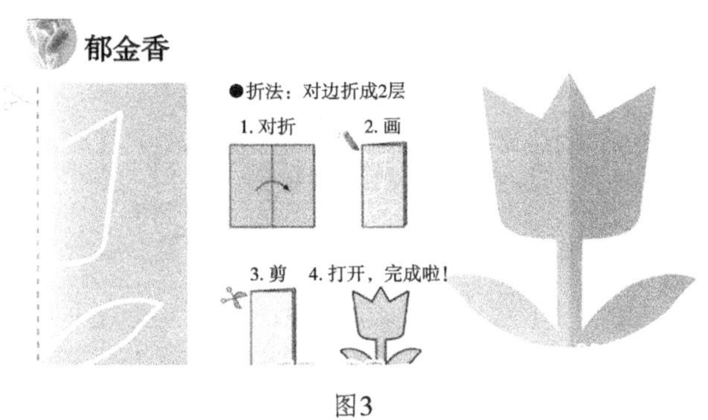

图3

小朋友们在共同商议，确定选择哪种方法剪纸。

池晓然："我觉得对折的剪法比较简单，我选择这种吧！"

曹素："我选三角的剪法吧，看一看它剪出来的图案会是什么样？"

图4

韩依辰："我觉得五角剪法剪出来的图案比较好看，我想挑战一下。"

这时，宗丫卓、王小兮等几名小朋友也参与到这项活动中来了。

（二）反复尝试

小朋友们开始选择材料，认真剪起来，遇到问题时，他们互相交流讨论，然后反复尝试，最后孩子们剪得越来越好。

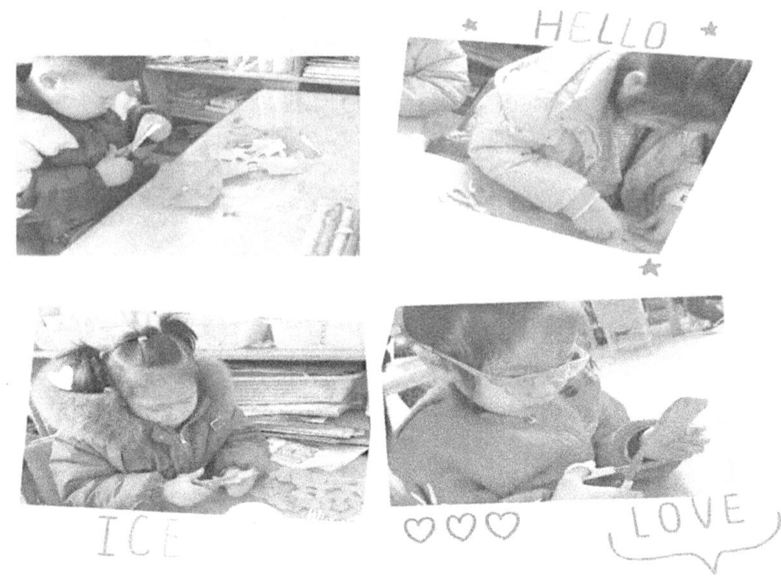

图5

师幼共同商议，确定以下几种方法来装饰我们的环境和主题墙。

将剪纸直接粘贴在主题墙上，或者装饰一下剪纸再贴在主题墙上。

图6

将剪纸贴在蛋糕盘上装饰并贴在墙上。

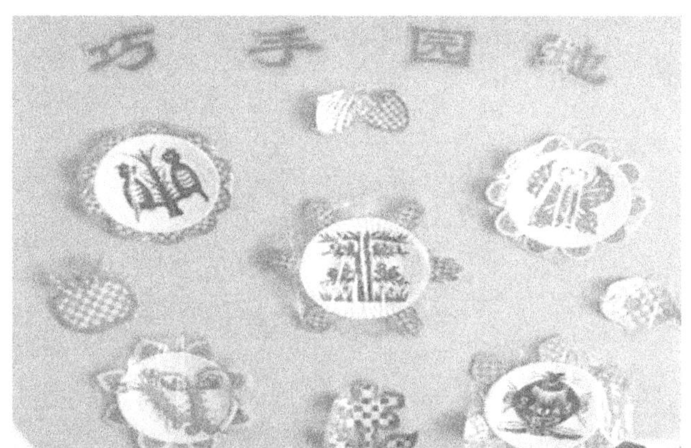

图7

快乐的环创

一、设计背景

良好的幼儿园环境包含着各种充满教育元素的图片、文字和实物，能够潜移默化地使儿童通过操作和探究获得智力的发展。我们常常会看到这样的现象，幼儿不懂得与人分享，做不到耐心倾听等，作为教师，应该用各种方式让幼儿获得正确做法，要让幼儿在理解的基础上养成良好习惯，并将良好的习惯泛化到周围人身上，从中找到快乐。于是我们共同探讨，制订一个班级公约，主要以青花瓷纸牌、青花瓷布和中国结为材料，并用绘画的方式来表现班级公约的规则，从而激发幼儿环创的积极性、创造性和参与性。同时让幼儿善于发现不守规则的现象，做到人人遵守班级公约。

二、制订计划

（1）师："我们小朋友每天都要在班级中生活和学习，那在班级中也要有各种各样的规则，请大家想想，在我们班级里应该遵守哪些规则，形成我们的班级公约，请大家和旁边的小朋友讨论一下。"

（2）分组讨论、交流。有的幼儿说在教室或者外面不能跑，玩玩具时要与好朋友分享，不争抢玩具，玩完玩具要整理好。

（3）幼儿设计班级公约规则标记。

宋墨涵："我们在户外活动的时候不能乱跑，容易摔倒。"

图1

贾浩然：“玩玩具的时候要和小朋友分享玩具。”

图2

杨佳桐：“活动结束后要把玩具整理好。”

图3

三、分析反思

规则处处有，大家来遵守，方便你我他。让我们一起把设计的规则图制订成班级公约，做到人人都遵守班级公约，从而激发幼儿对环境创设的积极性、参与性和创造性。

四、支持策略

在创设环境时，要注重环境设计过程的指导，让幼儿在参与环境的创设过程中，不断锻炼，充分发挥幼儿在环境创设中的主体作用，使幼儿能以小主人的身份亲自参与教学的过程。

班级环境创设

一、设计思路

这次环创我们在培养幼儿艺术兴趣与审美情趣的同时，也激发了幼儿的民族意识和情感，有利于促进中华民族文化的传承。因此，我们以青花瓷为主点缀具有其他一些中国风的元素环境。如中国结、青花瓷瓶、蛋糕盘、扇子等，从而让整体环境和色彩不再单一。

整个创设，使幼儿由单纯的欣赏者变成了设计者、参与者，幼儿才能充分认识自己的能力，意识到自己才是环境的主人。既丰富幼儿的审美情趣，又开阔了幼儿视野。

二、设计过程

为了让我们拥有一个共同的温馨的家，我想请小朋友们来共同计划、商讨，进行以青花瓷为主题的环境创设。然后孩子们开始自主分工，选择自己喜欢的区域进行有计划性的设计，有几名小朋友选择了叠衣室门上方的大白墙。

图1

图2

这时，宋雨萌和张一祎说：“我们在这里画上一个大大的花瓶，然后种上小树。”大家都说很好，这时王柯然不满意地说道：“小树怎么可能会种在墙上？”周梦娜然后拿起了画笔在桌子上摆出一些图形来。

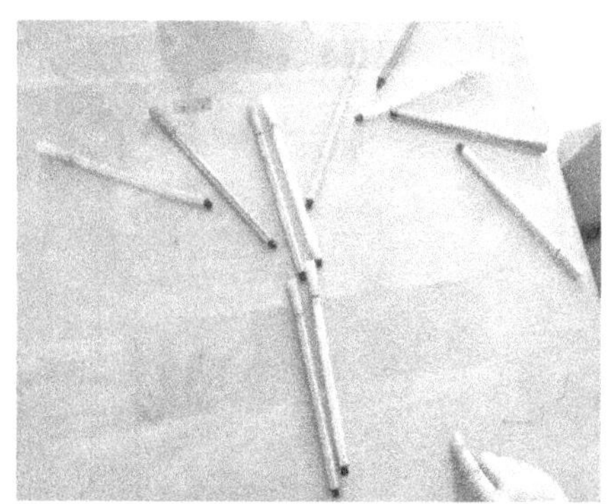

图3

当时我看后心中有一丝喜悦，因为孩子们结合在一起的设计思路跟我的有一些相像，似乎同时也为我打开了一些设计思路，经过一番商讨，小朋友们的设计想法就自然而然地出来了。

图4

同时，我为幼儿提供了树枝，孩子们共同在地上先拼出一个树的图案，但孩子们对拼摆出来的形状好像并不满意，又共同商讨修改并不停调整。

李佳仪说：“我们不如用真的大树上的树枝吧，这样真像大树。”其他孩子非常认同，于是我带领孩子们一同去取材料，我们找好树枝。

图5

最后，我们共同把树枝“种”在墙上，负责制作青花瓷瓶的小朋友在教师的帮助下也圆满完成了任务。

图6

我们共同把花装上，一个青花瓷瓶子种的大树就完成了。最后我们又为墙面做了最后的装饰，让大树更丰富，同时把幼儿的作品巧妙运用，用鲜艳的底色进行衬托，使整个墙面很和谐。

图7

我们的“炫彩中国风——魅力青花瓷”环境创设就完成了，整个墙面构设简洁，造型、线条都很丰富，给人一种淡雅的视觉美感。

小鸟的新家

一、主题来源

冬天来了，天气凉了，小鸟都飞向了南方。一天，户外活动时间，黄奕森宝贝对着天空看了很久，然后跑过来问我："老师，我怎么一只小鸟也看不到了？小鸟呢？"身边的王浩宇说："小鸟回家找妈妈去了吧，外边太冷了。"黄奕森说："小鸟妈妈在哪呢？""我也不知道，老师你知道吗？"王浩宇小声说。我笑笑，告诉他们："有的小鸟到南方温暖的地方去过冬，比如大雁；有的鸟在本地山林、岩洞、屋檐过冬，比如麻雀；还有的飞向了树林。""哦，我好想把小鸟放到我们教室里。"结合本月活动主题"我的动物朋友"，和幼儿一起制订新的环境创设活动。

二、制订计划

（一）布置走廊环境，给小鸟一个新家

1. 布置前

图1

2. 布置后

图2

（二）布置动物朋友的主题墙

将幼儿和家长共同制作的小动物布置在作品墙上。

图3

图4

糖果小屋

一、背景

幼儿园环境是幼儿课程的一部分，在创设幼儿环境时要考虑它的教育性，要与幼儿的发展一致。幼儿正处在身体、智力迅速发展以及个性形成的重要时期，有多方面的发展需求。身心发展的特点和需求表现不同的年龄特点，即使同一年龄阶段的幼儿在兴趣、能力、学习方式方面都存在很大差异。环境创设的过程是幼儿与教师共同参与和合作的过程。

教师让幼儿参与环境创设，使幼儿由单纯的欣赏者变成了设计者，幼儿才能充分认识到自己的能力，意识到自己是环境的主人。当幼儿有了这种意识，才能真正融入进去，真正展示自己。

二、环境的构建与规划

1. 环境主题的来源

对于小班孩子来说，吃是他们最感兴趣、最熟悉的事情。甜甜的糖更是他们最喜爱的，现在的孩子都是家里的宝贝，各种各样的零食，家长都是变着花样买给孩子，小班的孩子爱吃、爱玩，而糖果贴近孩子们的生活，是很有价值的教育资源。丰富多彩的糖果世界里蕴含着许多的教育契机，等待我们去开启。

2. 环境创设的主要内容

环境创设根据主题“香喷喷、甜蜜蜜”中关于糖果的点，开展了“云朵棉花糖、糖果小屋、会跳舞的跳跳糖、甜甜的棒棒糖、包糖果”等丰富有趣的、多种形式的活动创设情境。听到糖，孩子们七嘴八舌地讨论开了："老师！这个糖我也吃过，妈妈上次给我买的！""老师，我还想吃！""老师，我吃过彩虹糖，可好吃了"……确实，酸酸甜甜的糖果是孩子们的最爱，糖果有不同的品种、形状、口味和外包装，对孩子有着很强的诱惑力。

让孩子在看看、说说、摸摸中感知并了解丰富多样的糖果，在闻闻、尝尝、做做、玩玩的过程中，通过直接感知、实践行动和亲身体验获取糖果带来的种种信息，满足孩子对糖果的喜爱和渴望，激发其对周围事物的好奇和探究，让我们一起来布置糖果小屋。

三、环境创设过程

我们先尝试用太空泥捏颜色单一的棒棒糖，孩子们都非常认真地在那儿搓条、缠圈，最后插棒，完成的孩子都非常兴奋。

图1

果果对木木说："你看我做了一个冰糖葫芦。"这让我又想到了冰糖葫芦也可以加入我们的糖果小屋，于是，我们又开始一起做冰糖葫芦。

图2

孩子们非常兴奋，都表示好想吃一口。为了满足孩子们的需求，我们又进行讨论，做一次真的冰糖葫芦。

图3

最后，我们又进行延伸环节，我们吃这么多甜食，要注意刷牙保护好我们的牙齿，孩子们都非常地棒。

冬日景象

一、背景

陈鹤琴先生说过："儿童教育要取得较大的效益，必须优化环境。"可见环境是重要的教育资源。幼儿园的环境布置不能成为一种纯粹的装饰或摆设，应是教师与幼儿相互合作的结果。幼儿参与环境的布置，可提高幼儿的兴趣和创造能力，体验创设环境的成就感，有助于幼儿爱惜劳动成果。

二、创设成果

侧墙1：

图1

例如，先让幼儿给草帽涂上有创意的颜料，使其自由发挥，然后再将草帽放到卷轴上，从而形成一幅和谐的冬日景象。

侧墙2：

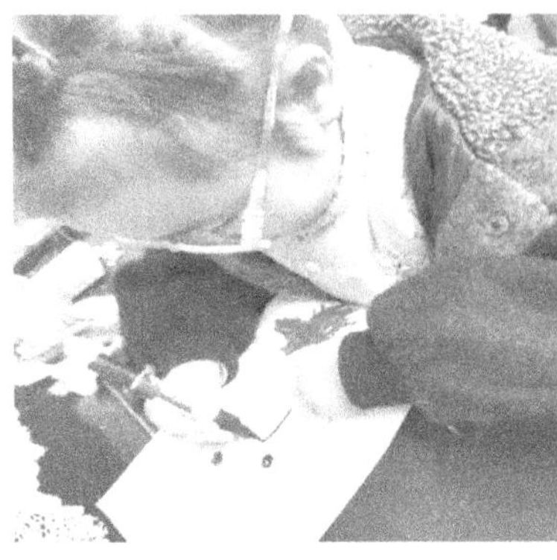

图2

撕纸粘贴是进行图案装饰的一种方法，在游戏中，幼儿学习撕纸可以锻炼撕纸粘贴技能，提高小肌肉动作的灵活性，培养幼儿的创造性。

图3

可爱的小动物

一、设计意图

环境是潜在的教师。著名心理学家皮亚杰提出："儿童认知发展是在与周围环境的互动中积极主动建构的。"瑞吉欧认为："环境生成课程，课程主题来源于幼儿与环境的互动作用。"环境作为"第三位老师"，作为幼儿园的一种隐形课程，应具有教育、记录的功能，并能不断地激活幼儿内在的学习动机。

我们的主题环境创设即是基于此种理念，强调围绕主题活动内容，设计与之相吻合的主题墙或活动情境，布置活动区角，同时强调环境的"中介和桥梁"作用，要能物化目标、物化内容。环境创设是幼儿园课程实施的一个重要环节和一项重要内容，教师在实施中，要鼓励幼儿和家长参与环境的创设，充分体现环境的教育性、互动性、参与性、过程性和艺术性，以实现环境与课程、教学、幼儿以及家长之间的多元互动，实现"环境"与幼儿、教师的不断"对话"。

二、制订计划

1. 主题墙

主课墙定为"动物，我们的朋友"，在进行环境创设之前，了解幼儿对于该主题感兴趣的内容，结合主题教育价值及幼儿年龄特点，将主题墙分为"我们发现的动物"和"可爱的小动物"。随着主题进程的开展，通过学习、查阅、讨论等多种方式了解相关内容。

2. 走廊墙面

结合主题，增设“冬眠动物”“夏眠动物”“既冬眠也夏眠的动物”“动物睡姿”，幼儿积极参与到活动当中去，成为环境的创设者，也能帮助幼儿了解相关知识。

3. 吊饰

结合主题，设置教室内的吊饰，选用了十二生肖中的动物图片，在制作中不仅发展幼儿对色彩的审美能力，也有助于提高手部灵活度，墙面布满了小动物，营造出一个充满童趣、奇趣的班级环境。

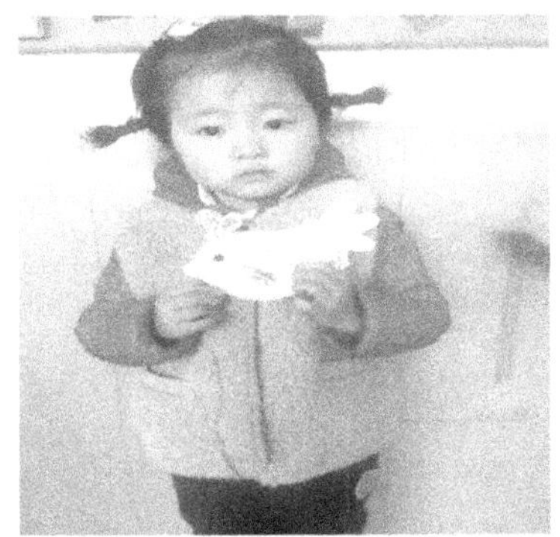

图1

三、活动反思

我们在开展“可爱的小动物”的主题活动中，注重了幼儿的直接感知和体验，喜欢小动物似乎是每一个孩子的天性，这一点在小班孩子的身上表现得尤为明显。近阶段，我们班的孩子和许多小动物们交上了朋友。小动物们不时地出现在好听的故事里、有趣的儿歌里、好玩的游戏里，它们那生动有趣的形象深深地吸引了每一个孩子。

冬天里的小动物

一、主题背景

对于小班的孩子来说，喜欢小动物是他们的天性。因此，如何让孩子真正地了解动物，走近动物世界？我们根据小班对于动物的认知水平较为浅显，他们对动物的外形特征、皮毛颜色等方面感兴趣，结合课程开展主题活动“可爱的小动物”。让孩子们在看一看、说一说、找一找、讲一讲，以及做一做中来认识日常生活中几种常见动物，从而激发幼儿亲近动物、喜欢动物、爱护动物的情感。

二、外走廊墙面

如何充分利用环境促进幼儿的主动发展，是我们本次活动最重要的思考。我们尝试将静态的墙面设计成可操作的墙面，让孩子与环境有效互动，促进孩子主动发展。我们制作了动物火车墙饰，充分调动孩子学习的积极性与表现欲望。

（1）前期准备：收集有关动物的资料。

（2）让孩子们通过自己的方式去展示自己喜欢的小动物。

（3）孩子们和教师一起完成作品。

图1

图2

三、活动总结

此次活动丰富了幼儿对动物的认知经验，帮助幼儿了解了一些常见动物的名称、特征和生活习性。但是，幼儿的语言表达能力尚有些一欠缺，不能很好地描述动物的外形特征，也不能生动地讲述与小动物在一起的趣事。对于会飞的动物、会游的动物、地上的动物三种动物进行分类，孩子嘴上会说，但真正操作起来，还是有很多孩子会出错。希望在以后的学习中，通过教师和孩子的共同努力，奇妙的动物世界真正走进孩子们的心里。

秋叶飘

一、设计背景

户外活动捡树叶，幼儿看到大树下面有很多树叶，倪荣政小朋友大声地说，树叶是黄色的。褚楚小朋友指着冬青树的叶子说，现在是秋天，这个是绿色的，没有变色……

《3—6岁儿童学习与发展指南》中指出：“经常带幼儿接触大自然，激发其好奇心与探究欲望。”通过绘本的学习，幼儿被故事中树叶颜色的不同吸引，因为有的树叶会变黄，有的树叶则终年常青，通过请幼儿到户外观察，在玩的过程中捡拾收集树叶，自己观察比较，欣赏并感受树叶颜色的变化。

活动中，我们激发孩子的兴趣，尊重孩子的好奇心和关注点，根据季节特征，观察园中树木落叶颜色变化的特点，从而激发幼儿的想象力和观察力，让幼儿自主发现问题、解决问题，自由探索。

图1

二、制订计划

（1）与幼儿讨论并确定主题。

（2）幼儿观察、捡拾落叶。

刘沐程小朋友：树叶变黄了不好看。

孙恒悦小朋友：我觉得绿色的树叶好看。

幼儿讨论：我喜欢（黄、红、绿、蓝……）。

（3）幼儿观察树叶，用糨糊自由粘贴树叶拼成形状。

（4）用棉签蘸自己喜欢的颜色进行树叶点画。

（5）与幼儿共同布置主题墙。

三、分析反思

幼儿用棉签蘸颜料进行点画，为树叶涂色、装饰。幼儿通过自己喜欢的方式对观察到的事物进行创作表达。教师要创造机会和条件，支持幼儿自发地进行艺术表现和创造。活动中，结合季节特点和孩子的兴趣，根据园中现有的资源，以观察的形式引起孩子的兴趣，引导孩子们说出自己喜欢的颜色，有了基本的生活经验，再加上孩子们的想象力和创造力，完成了给树叶装饰色彩的活动，在活动过程中，孩子们的小手肌肉力量还需要加强锻炼，从而使幼儿得到更好的发展。

植物的家

一、设计目的

现在的孩子们接触大自然的机会比较少，幼儿园的自然角便成了孩子认识自然的最直接途径。为了使自然角充分发挥教育作用，从而丰富幼儿的自然科学知识，在创设班级植物角时，要巧妙设计种植器皿，体现情境性；对《幼儿园教育指导纲要（试行）》和《3—6岁儿童学习与发展指南》中提出的目标进行细化，体现目的性；明确各年龄段的观察种植内容，体现科学性；改变以往的认养、记录方法，让幼儿真正参与到记录活动中，体现参与性。

二、计划的制订

在幼儿园的日常环境布置中，植物角是不可缺少的，同时却又容易被教师们忽略。其实，精心摆设的植物角对幼儿的身心发育都是很有益处的。让幼儿动手参与布置，不仅能激发幼儿兴趣，培养其动手能力，更重要的是，有助于增进幼儿对环境的认识，让其懂得保护环境，萌发创造美好环境的意识。中班幼儿年龄大了一些，可以让幼儿了解植物的生长过程，逐步学会观察，了解阳光、水在植物生长过程中的作用，同时学会护理植物，如定时浇水，天晴时把植物搬到户外晒晒太阳等。

三、计划的实施

我们通过利用走廊里的作品架进行装扮，让原本空荡荡的架子增添了一些生机。

图1

和小朋友们一起讨论后，大家带来了自己喜欢的植物。

之后成立了我们的植物角——植物的家。

图2

四、分析反思

此次环境创设还没有做到完全细致，下一步要更精致地打造，才能创设一个具有我们班级特色的植物角。

走廊大变身

一、设计目的

在促进幼儿早期教育方面，最有效的做法就是创设良好的环境。《幼儿园教育指导纲要（试行）》中指出："幼儿园应为幼儿提供健康、丰富的生活和活动环境，满足他们多方面发展的需要，使他们在快乐的童年生活中获得有益于身心发展的经验。"由此可见，幼儿园的环境是幼儿发展的一项重要的教育资源，幼儿园环境对幼儿园教育活动起着十分重要的作用。

二、计划的制订

中班幼儿正处在身体、智力迅速发展以及个性形成的重要时期，有多方面的发展需要。因此，环境创设应适应幼儿的这种差异，环境创设不是一次就可以完成的，它是一个设计—实施—修正—再实施—再修正的螺旋式发展过程。

我们班的走廊环境创设经过讨论，确定吊饰是开心果树枝画、二十四节气加春夏秋冬。具体由教师带领幼儿，展开师生合作。

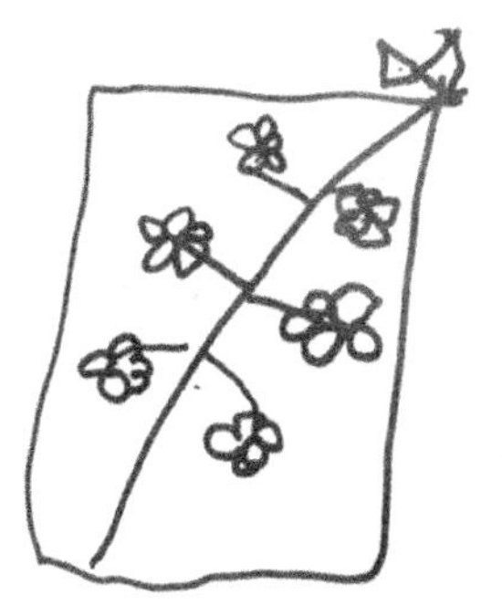

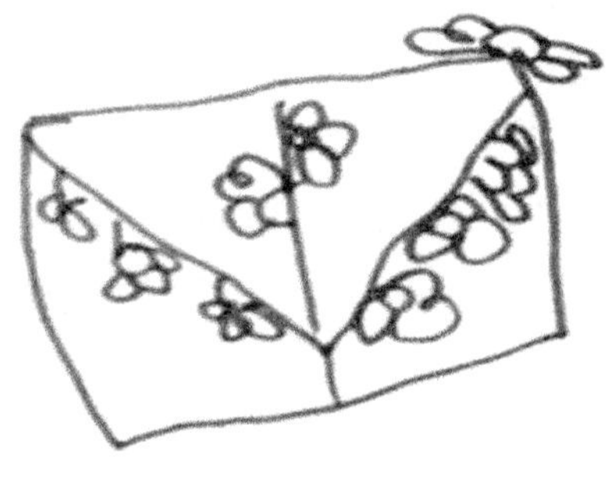

图1

三、计划的实施

环境创设的过程是幼儿与教师共同参与合作的过程。教师让幼儿参与环境创设，使幼儿由单纯的欣赏者变成了计划者、参与者，幼儿才能充分认识到自己的能力，意识到自己是环境的主人。当幼儿有了这种意识，才能真正融入进去，真正展示自己。既满足了幼儿的活动需要，又塑造了幼儿的“创适性”“主动性”和“积极性”。

图2

四、支持策略

（1）鉴于幼儿的年龄特点，教师在进行幼儿园环境创设的时候，必须牢牢贴合他们身心发展的实际规律，也就是以科学的理念进行环境的设计。

（2）环境创设的目的就是应该使得环境创设的实际效果同幼儿园对于孩子们的实际教学目标相符。幼儿园的学生正处于身体、心智发展以及个性养成的最重要和最基础的时期，所以，幼儿园环境创设必须要与他们身心发展的具体情况相适应。

（3）幼儿对外界事物充满了好奇与探索欲，因此在进行环境创设的时候，教师应该鼓励幼儿积极踊跃地参与其中，剪一些剪纸，画一些有趣的图画，都能够使幼儿乐于其中，并且和其他小朋友愉快相处。

小角落，大自然

为了丰富幼儿的一日生活，促进幼儿观察力的发展。台儿庄实验幼儿园创设了植物园，为幼儿提供了认识、观察、探索植物的机会。

一、主题来源

在美丽的秋天里，大自然是孩子们最宽广的教室。于是我们带领孩子们走出教室，来到了我们的植物园里，种下了一粒粒“希望的种子”。孩子们都很感兴趣，不如以兴趣为起点，让孩子们一起开启一段幼儿园绿植探秘之旅。走近幼儿园的植物，仔细观察、大胆探究、用心发现植物们的秘密！于是，在孩子们的问题推动下，我们确立了主题为“小小植物角，亲近大自然”的活动课程。

图1

大自然、大社会是儿童最重要的课堂。自然环境能为孩子们提供很多的学习探究机会。在“小小植物角，亲近大自然”的课程中，我们期望孩子们走进自然，释放天性，以观察为主，激发幼儿强烈的好奇心和探究欲望。帮助幼儿了解植物、认知科学、敬畏生命！更重要的是培养孩子们发现问题、解决问题的能力。

二、幼儿园绿植探秘之旅

一场绵绵细雨浇灭了孩子们绿植探秘的希望。孩子们连连叹息：“唉，怎么就下雨了呢！”“我们怎么去观察植物呢？”随着问题的不断产生，孩子们的情绪逐渐低落……下雨了，有什么办法能让我们按照计划出行呢？小宇：“我们可以打伞。”张芷陌：“可以穿雨衣。”王亦涵：“不行，我们没有雨衣和伞呀。”杜欣怡：“我们可以去大树下躲着看。”董皓森：“可以用书包挡住。”……接着孩子们纷纷验证自己的想法。最后，大家认为下雨天观察最好的办法是可以在走廊设置一个植物角，我想这可真是个好办法。

图2

三位教师就开始如火如荼地收集绿植，还从植物园里移植了一些植物进行种植，经过不懈的努力，我们的植物角就出现了。植物角的创设让孩子们在走廊上就可以直观地观察绿色植物，运用自己的感官，通过观察、触摸和闻嗅的方式，孩子们就能根据不同的外貌特征辨别植物，从而更加方便幼儿探索植物的奥秘。慢慢地，他们也学会如何照顾植物，并创作出一幅幅充满创意的树叶画。

图3

好玩的建构区

建构游戏一直都是深受孩子喜欢的一种游戏类型。它对于培养幼儿的创造力、想象力和动手操作能力都起着很重要的作用。小班幼儿在建构区中只乐于玩一些辅助材料，有的幼儿只满足于拿着几块积木东走西看，或是随意地拼搭，不知道自己还应该干些什么，还有的幼儿只是长期满足于搭建某一种作品。而中班上学期的孩子动手操作能力有了一定的发展，已经能运用积木搭建出来某些物体的主要特征，游戏的目的性也增强了，但这时出现了幼儿经常重复搭建的现象，他们常缺乏自信，遇到困难容易退缩……

我们班的小朋友在区角游戏活动中合作能力较好，也已经有了平铺、架高、围堵、连接等基本的搭建技能，孩子们纷纷向别的小朋友展示自己搭建的成果："看我的城堡搭得帅不帅？""我搭建的花园美不美？"并且在游戏中能够有一定的分工合作。设计构建区主要在于培养每个孩子的想象力、动手操作能力以及合作能力。

图1

图2

建构区游戏既能锻炼幼儿的搭建能力，又有助于培养幼儿在游戏活动中的合作能力，体验合作游戏的快乐。同时，孩子们能够根据搭建情况尝试提出自己的意见。

皮影戏区角创设案例

“皮影戏中的小人真有趣，衣服很漂亮，上面有细细的花纹。”“他们穿的是唱戏的衣服，我奶奶就喜欢看戏。”“这个皮影小人会动，是因为后面有小棍子连着。”孩子们饶有兴致地议论着。在教师的组织下，孩子们观看了皮影戏视频，视频中栩栩如生的画面，深深吸引了孩子的目光。“老师，什么是皮影戏呀？”“皮影戏，又称‘影子戏’或‘灯影戏’，是中国民间一门古老的传统艺术。”“这是怎么表演的？我们也想来表演一下！”发现孩子们的兴趣点后，教师灵机一动，“孩子们，我们一起来制作有趣的皮影手偶吧！”“好啊，好啊！”孩子们高兴得手舞足蹈。

图1

图2

该做什么呢，孩子们在区角翻了翻，“我们做交通标志吧！”一个孩子提议，“这样我们的小汽车就能上路啦！”他拿着小汽车的卡片说。“好呀！”孩子们行动起来选择材料，讨论制作步骤，开始画自己喜欢的交通标志，剪下图案，最后插上操作杆，一个有趣的交通标志皮影就完成了。“这是我做的直行和向左转！”“小汽车走到这儿要停下来！”孩子们纷纷向同伴展示自己的作品。孩子们自由组合，自编自演起《上学啦》的皮影戏来，看着生动的表演、听着有趣的自编台词，教师为孩子们的行动力和创造力感到欣慰。

皮影戏是中国民间传统艺术，它集说、唱、演为一体，具有深厚的艺术内涵和文化价值。孩子们在制作皮影戏的过程中，不仅锻炼了绘画、剪纸的技能，语言能力也得到了很好的锻炼和发展，最重要的是感受到了皮影的魅力。

我和竹梯的故事

一、活动背景

在安吉游戏中，孩子们玩的器械都取自生活，孩子们是游戏的主人，也是教育的真正主体，教师们提供游戏材料，创设游戏环境，规划游戏时间，这样的游戏给了孩子充分自主和创造的空间，孩子们玩得兴致勃勃，在快乐的游戏中，促进了孩子的发展。于是，在户外区域性游戏中，我们提供了一些来源于生活中的低结构材料让幼儿进行自主活动，比如竹梯、木板、轮胎、纸箱、木椅等，满足了幼儿喜欢攀高爬低的心理，他们可以“名正言顺”地进行挑战，我们想把安吉游戏中优秀的理念带到我们的游戏中，“竹梯的故事”游戏就由此产生了。

二、活动内容与过程实录

（一）第一次：初探竹梯，为什么会掉下来

这天，户外活动时间到了，孩子们迫不及待地进入竹梯区后，三三两两地开始搭建了。有的用单梯和轮胎搭了轨道，有的搭建了独木桥。几名幼儿对躺在地上的竹梯产生了兴趣，三五成群地把竹梯搬到了场地上，有的架在楼梯上，有的把竹梯的两头放在了轮胎上，架好后便迫不及待地走了起来。可是很快悦然小朋友叫了起来，这个“独木桥”一直晃不好走，走上去会掉下来，这边的竹梯在轮胎上会移动不能走。他的话音引起了一诺和洋洋的注意，孩子们七嘴八舌地开始议论起来，一诺说：“我知道了，你们快看，这个竹梯放斜了。”一诺和悦然进行了调整，这时他们又走了上去，可是不一会儿，又掉下

来了，洋洋说："我有办法了，我帮你扶着。"可是没走几次之后，洋洋说："不行，我的手好累、好疼，太滑了，我顶不住了。"悦然说："我们能把竹梯固定起来就好了，我知道了，我们把竹梯压住不就行了。"只见三个小伙伴搬来了轮胎，把竹梯当成了"汉堡"，最下面是轮胎，中间是竹梯，上面又加了一层轮胎，三个小伙伴迫不及待地走了上去。可是，又一次发生了侧翻现象，这时一诺说："不行，还是太滑了。"

1. 观察分析

在活动中，幼儿对竹梯的摆放经验不足，他们会随意地把竹梯摆在轮胎的一边，没发现这样很容易翘起来，加上幼儿一直在上面走动，就会出现滑动的现象。除此之外，幼儿对竹梯的特点不太了解，刚开始一诺认为是竹梯放斜的原因，最后通过观察发现竹梯本身比较光滑的特点，所以在游戏中才会不停地发生"侧翻"的情况，按照以往的模式，孩子们会机械地完成教师定好的游戏，他们的好奇心、探索欲得不到满足，发现问题、解决问题的能力以及合作能力得不到提高，更无法体验到"当家作主"的自豪感和辛苦后的成就感。如今，我们让幼儿参与到活动场地的设计和布置中，其各方面能力便开始显现出来了，自己找同伴合作布置活动场地；发现问题并能发挥出自己的智慧解决问题；在与材料的互动中探索出与众不同的玩法，幼儿的主动性、创造性，以及解决问题的能力都被激发出来了，所以我们大胆地把主动权交还给幼儿。但是作为幼儿活动的支持者，我们必须要解决他们的需求，助他们一臂之力，才能让孩子们的活动继续推进。所以，针对之前出现的问题，我们将竹梯做了调整，并和幼儿一起探讨了一些怎么摆放竹梯比较安全的方法。

2. 反思回馈

回到教室，我请悦然介绍自己的游戏，悦然说自己发现了一个问题，竹梯在轮胎上容易掉下来，同时又请一诺和洋洋进行了分析，洋洋说："它们两个放在一起太滑了。"于是，我问孩子们："你们发现这个问题了吗？有什么办法可以让竹梯游戏更好玩，有什么办法解决它们太滑的问题吗？"孩子们纷纷表达自己的想法，"用轮胎压住竹梯""把竹梯一头插到轮胎上，一头放到地上""把竹竿用胶布缠起来"……

图1

（二）第二次：寻找解决竹梯打滑的办法

第二天户外活动时间，一来到竹梯区，悦然、一诺、洋洋就找来了胶布，开始对竹梯进行包装，一诺抱着竹梯，洋洋和悦然开始对竹梯进行缠绕，不一会儿，洋洋说："够了，不要再缠了，不可以浪费很多。"就这样完成了竹梯的包装工作，悦然迫不急待地爬上了竹梯，可是又一次掉了下来，三个好伙伴陷入了沉思，怎么回事？一定是缠得太少了。忽然，一诺欢呼雀跃地跳起来说："我知道了，一定是厚度不够，我们需要一些增加厚度的材料，然后再缠上胶布，我们赶快去找找。"于是，三个小伙伴满操场跑着寻找材料，洋洋找来了一块布、悦然找来了纸板、一诺找来了麻绳，综合运用三种材料进行了尝试。最后，他们惊奇地发现麻绳最简单，不需要用胶布，只需要缠绕，最后系上就可以，解决了竹梯打滑的问题后，他们告诉了班级其他小朋友他们的发现，孩子们又开始"大显身手"了。有的把竹梯当成了山坡，从下往上爬；有的把竹梯当成了桥，在上面走……在一次又一次的尝试中，孩子们从坐着通过竹梯到能扶着竹梯走，再从扶着竹梯走练到了能双手不扶蹲着走，又从蹲着走练到了能站起来走，最后从踩着竹梯的两侧走到踩着横杆快速走，平衡能力在不知不觉中得到了发展。看着孩子们的成长，我们颇有感慨——孩子们真的比我们想象的"勇敢"。

观察分析：从上面的案例可以看出，孩子们正是在反复的观察、尝试、探索、调整中学会了独立思考，并提升了发现、解决问题的能力。悦然、一诺、洋洋相互合作，一诺是个有领导力、思维活跃的孩子，他带领着他们，反复地想办法解决，没有因为失败而放弃，在小伙伴的齐心协力之后，最终如愿以偿。最后，把自己的发现分享给了班级的小朋友，所有的孩子在一诺的分享中解决了竹梯打滑问题后，把竹梯玩出了不同的花样。此外，一诺这种坚持不懈、永不放弃的精神也是值得同伴学习的，孩子们的适应能力也不容小觑，当竹梯"升高"了，他们会先蹲着走几步，让身体平稳后再站起来走；当竹梯有点倾斜的时候，他们会根据自己的能力，坐着通过，或者放慢速度，或者脚踩在梯子的两边。所有的孩子都参与到活动中，他们都在挑战自己，同伴之间还在不停地相互提醒："竹梯不可以上很多人。""我们要排队。""我们再来加一些轮胎，做个滑滑梯，从上面滑下来，让它更刺激。"活动中，我发现，他们真的没有我们想象中那么脆弱，那么不堪一击，是我们自己太看重"成败”了，总怕孩子会受伤，总希望孩子能成功，但是忘记了失败其实才是最宝贵的经验，而成功只是一种体验。教师要做的应该是“授之以渔”而非“授之以鱼”。当然，作为幼儿活动的引导者，我们需要在合适的时机给予适当的引导，幼儿在探索中会遇到困难、失败、危险，我们要尽可能为幼儿提供探索和尝试的空间，不过多干预幼儿，避免剥夺幼儿自主发展的机会，当出现无法解决的困难和安全问题时，帮助他们解决，从而获得成功的体验，消除他们内心的彷徨，适时地予以支持和指导，助推幼儿持续发展。

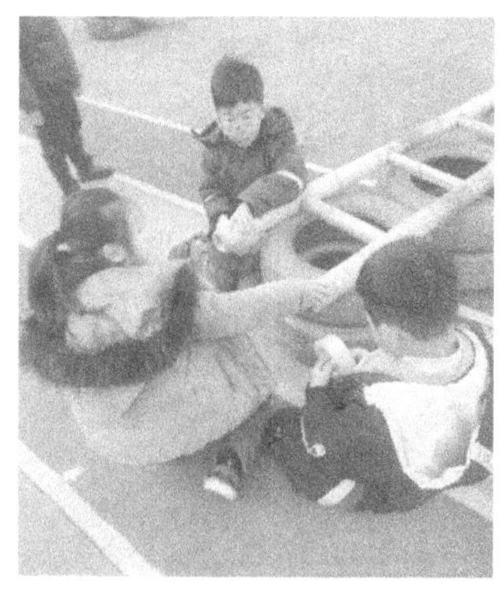

图2

（三）第三次：小小勇士

再次来到竹梯区，孩子们好像找到了乐趣，都不停地忙活起来，有的孩子把竹梯放在了四个轮胎上，增加摩擦，可以防止滑动。看得出来，孩子们都找到了解决竹梯打滑的不同方法，我看到一诺盯着小朋友的动作，四处看，抓耳挠腮的，又好像在沉思，我在一旁等待着他的“鬼点子”的出现。十分钟之后，只见他做了他的经典动作，一边跳，一边说，刺激的马上开始。只见他跑到了几个男孩子旁边，说了几句悄悄话，男孩子跟着他欢呼着离开了，不一会儿，场地上多了几个搭建箱和几个攀爬架。只见他和伙伴们将竹梯架在了搭建箱上，同时用轮胎搭建了很多的小桥，架好后，他们很高兴地叫来了几个小伙伴欣赏他们的“成果”，看到小伙伴们发出的一声声赞叹，他们自己也很兴奋。几个大胆的男生开始挑战他们的游戏，在上面走了起来，刚开始大部分幼儿都是双手双脚着地爬过去，慢慢地，开始有人蹲着走过去，再过一会儿，有的孩子敢站起来慢慢通过。这时，佳佳在旁边说：“哇，这么高。”轩轩说：“我都不敢走，我怕会摔下来。”于是我马上跟那几个孩子说：“那你们觉得要怎么办才能比较安全？”有个孩子说：“放低一点。”另外一个孩子说：“老师，你看我的。”只见他找来了地垫，把地垫铺在了竹梯下面。于是，几个小女生马上跑去拿了几块地垫铺在下面，一看有了保护措施，上面的孩子更加大胆了。慢慢地，站起来通过的人越来越多了，可是，我发现女生玩了几天，又有孩子有意见了：“老师，他们每次都把竹梯架那么高，那边又只有一条路，我都不敢走。”“那你找几个小伙伴商量下看怎么办。”最后孩子们又做了另一条路，途中有一个荡桥，增加了休息、读书的休闲区域，真正满足了不同能力的孩子的需求。

观察分析：孩子们在勇敢者的游戏中，当看到高空中的竹梯向下弯曲的时候，幼儿发现问题并很快解决了，但是也出现了新问题，上面的孩子万一踩空会不会踩到下面的孩子？下面的孩子万一碰到上面的梯子会不会影响到上面的孩子？问题抛出后，孩子们经过探讨达成了一致：上下不能同时走，上面有人的时候下面要等一会儿，下面有人的时候上面不能通过……

这个时候，孩子的水平已不再停留在“我会玩了”，在这个过程中，他们有合作、设计、创造、制订规则、能力、技巧、安全意识……

幼儿在反复的发现、解决问题中成长，他们变成了“导演”，他们有权选择活动、材料、玩法、场地，成为游戏的主人，他们的自主性、独立性、创造性得到了提高，探索欲得到了满足，自信心也增强了。同时也给教师带来更大的挑战，教师的应变能力、现场调控能力都需有更大的提高，继续增加材料，让幼儿学会合理摆放材料、学会更好地合作协商是我们接下来需要再思考、再斟酌的方向。

图3

三、活动特点及价值所在

本游戏案例是幼儿在玩竹梯的过程中产生的游戏，游戏过程呈现出高度的开放性。游戏中孩子们发现了竹梯在轮胎上会移动导致不能走，容易掉下来等问题，孩子们积极寻找解决竹梯打滑的不同方法，游戏中既有合作，又有分工，他们不断地进行尝试，同时根据已有经验的不断自我调整，逐步实践、完善经验。在竹梯探索的游戏里，让我们看到了幼儿的自主学习与发展。在游戏过程中，孩子们表现出的积极态度和良好行为倾向是未来他们学习与发展所必需的宝贵品质。

“开展丰富多样的幼儿体育游戏和活动，使幼儿体验与同伴快乐游戏的同时，获得相应的身体素质和动作上的发展。本次活动从生活出发，以幼儿感兴趣的、生活中常见的梯子为活动器械，结合大班幼儿对有一定难度和有挑战性的游戏感兴趣的年龄特点，以爬、跳、平衡等方面的技能贯穿整个活动，让幼儿在探索中寻找不同的解决办法，激发幼儿兴趣，从而能积极地参加活动，产生愉快的情绪，让幼儿在玩中想、玩中学、玩中乐，满足了孩子们好玩、好动、好奇的想法。通过自主玩梯子的活动，让幼儿在活动技能上有所提高，同时发展幼儿勇敢、团结、互相帮助的良好品质。

玩转冰糖葫芦

一、活动背景

《幼儿园教育指导纲要（试行）》（以下简称《纲要》）指出，幼儿园教育活动内容的选择应“既贴近幼儿的生活来选择感兴趣的事物和问题，又有助于拓展幼儿的经验和视野”。晨间活动时，孩子们有说不完的话，这时只听到王昭棣对着旁边的倪睿说：“昨天我爷爷带我去古城玩了，还在里面的小吃街给我买了一串糖葫芦，可好吃了！”倪睿说：“我也喜欢吃冰糖葫芦。”坐在不远处的靳沐阳听到后也加入了进来：“我最喜欢吃橘子做的冰糖葫芦。”果果说：“我喜欢吃香蕉做的。”听到这里，我马上想到现在是冬季了，冰糖葫芦作为北方的传统小吃，出现在街头巷尾，孩子们特别熟悉，对冰糖葫芦也有一定的了解。既然孩子们对冰糖葫芦这么感兴趣，我何不利用这个时机开展关于冰糖葫芦的游戏活动呢？

二、活动内容与过程实录

（一）活动一：泥塑——冰糖葫芦

区域活动时间，我为孩子们提供了太空泥和竹签。孩子们兴致勃勃地做起糖葫芦来。褚昭通搓好了一个大圆球说：“你们看看我的山楂又大又圆。”择择也不甘示弱地说：“我的糖葫芦马上穿好啦，老师你看看我做的糖葫芦。”边说边津津有味地“吃”了起来。

其他做好的小朋友也拿起“冰糖葫芦”有模有样地“吃”着。这时褚昭通说：“这要是真的糖葫芦就好了。”张兴看着自己手中的糖葫芦觉得馋馋的，并小声地说："我也想吃。"

看到孩子们对冰糖葫芦有这么大的热情，作品展示的时候，我问孩子们："你们想不想做一做真的可以吃的冰糖葫芦？""太好啦！"孩子们闻声开心地跳了起来。

教师的思考：幼儿的需要和兴趣是活动得以开展的前提，也是孩子愿意活动、喜欢活动，从而在活动中获得发展的重要条件。"冰糖葫芦"这个活动设计，来源于幼儿日常生活中的一个兴趣点，源于幼儿的生活，在活动中及时抓住教育契机，顺应他们提出的问题并给予支持和引导，从而生成幼儿感兴趣的游戏活动。

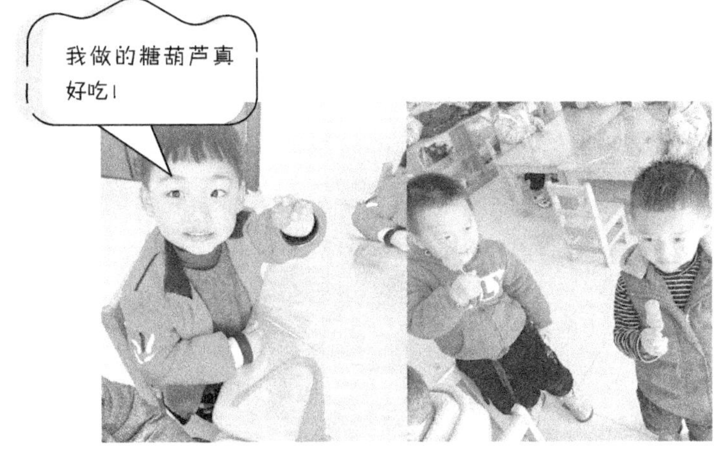

图1

（二）活动二：体验制作——冰糖葫芦

1. 前期准备

孩子们都知道山楂可以做冰糖葫芦，也见过或吃过用不同水果做的冰糖葫芦。于是，今天让孩子们每人带来一两种水果体验做冰糖葫芦，来园后孩子们兴奋地介绍自己带来的水果。

图2

2. 水果找家

小朋友拿出三个盘子，一股脑儿地把所有水果放进盘子里。这时林浩岩说："教师，这么多种水果这几个盘子盛不下，而且放在一起乱七八糟的。""那怎么办呢？"我循声问向林浩岩。"多找几个盘子吧！"孩子们见状，快速地又找出几个盘子，并把所有水果都倒进盘里。这时，只听王昭棣对果果说："你别把橘子放到小金桔的盘子里啊。"说着他就把橘子都挑了出来放到橘子盘里。"为什么这样放啊？"果果说，"它们长得一样，就应该放在一起。"王昭棣拿起一个小金桔咬开说："橘子扁扁的，你看这个不仅小而且长，你看看里面不是一瓣一瓣的。"说完他们又把其他乱放的水果分类放到相应的盘子里。

图3

3. 认真洗水果

李宗泽说：“搅拌起来，这样洗得干净。”

果果拿起一个山楂说：“像我这样一个一个洗才能洗干净。”

其他的小朋友也跟着他一个一个地洗了起来。

图4

4. 给水果剥皮

孩子们穿好了衣服，戴好了帽子，我们的制作要开始啦！先把洗好的水果剥皮去蒂，孩子们有的剥橘子，有的择葡萄，有的剥香蕉，活动室里一派热闹的景象。

5. 制作糖葫芦

准备好食材，让我们用小巧手一起准备制作冰糖葫芦吧！

孩子们你一言、我一语地讨论起了制作冰糖葫芦的步骤。

王昭棣："咱们怎么做冰糖葫芦啊？"

吴朵拉："糖葫芦是用小棍棍把水果穿起来的。"

王昊琦："糖葫芦外面有糖。"

教师小结：糖葫芦是用竹签把水果一个一个穿成串，然后把糖熬化，再给水果表层裹上糖衣凉一凉，冰糖葫芦就做成了。

第一步，先把水果穿成串。沐沐说："老师，苹果这么大怎么穿进去啊？"

我还没说话，就听到王昭棣转身跟她说："让老师帮忙切切吧。"听到孩子们的诉求，我及时帮孩子们把苹果和梨之类的大水果切成了小块。

第二步，孩子们把自己想吃的水果穿到了一起，剥好的橘子瓣，洗好的葡萄，切好的苹果……用竹签穿了起来，杨广择先来了一串最喜欢的山楂糖葫芦，每个孩子都认真地穿着。

水果穿好啦！一串一串的真好看！

图5

第三步，穿糖衣。孩子们都好奇地围过来看看教师是怎么熬糖的。

宋泰然指着锅说："老师往锅里放了这么多的水和冰糖啊。"

贺茂佳看着他说："因为我们穿的糖葫芦多啊。"

过一会儿，冰糖已经完全溶化，孩子们边观察边小声讨论："你看，冰糖不见了！""肯定是热水给煮化了吧！""应该可以做冰糖葫芦了……"过了大约十分钟，糖水开始冒泡了，孩子们也发现了这一变化，林浩岩兴奋地说："老师你看，糖水冒泡了，可以把糖葫芦放锅里了吧……"在孩子们的期盼中，糖水终于熬好了，给水果串穿上糖衣，这样一串串晶莹剔透的冰糖葫芦就做好啦。

图6

（三）活动三：品尝与分享

冰糖葫芦制作完成了，我们开始品尝冰糖葫芦，这是我们自己做的糖葫芦，孩子们叽叽喳喳地分享着自己的喜悦，嘴巴里嘎嘣嘎嘣地传出快乐的声响，整个教室都弥漫着甜甜的味道。

图7

宋泰然："做成糖葫芦，山楂就不酸了，变得甜甜的。"

展晨曦："好吃，我就喜欢吃冰糖葫芦。"

侯雅心："我做的糖葫芦超级好吃。"

王昭棣："妈妈说自己做的比外面的干净。"

贺茂佳："我还要吃。"

沐沐："老师，我们做的山楂糖葫芦真好吃。"

倪睿："这么多好吃的冰糖葫芦，我们给别人送点吧。"

吴朵拉："给别的班的小朋友和老师送点。"

小朋友拿着自己的劳动果实送给其他班的小朋友和教师们，听到大家的夸奖和感谢，孩子们开心极了。

图8

教师的思考：孩子是主动且有能力的学习者。我们要相信孩子，放手让孩子通过自己的体验和感受积极主动地建构知识、获得经验。在孩子们动手穿糖葫芦的过程中，幼儿的动手操作能力、逻辑思维能力、创造性思维能力以及幼儿的排序水平都得到了提升。整个活动中，幼儿始终处于自主积极的状态，在积极、活跃的氛围中，孩子们不断地进行突破和探索各种技能，提升了生活经验。

三、活动特点及价值所在

《纲要》中指出，幼儿园教育应“尊重幼儿身心发展的规律和学习特点”。充分关注幼儿的经验，引导幼儿在生活和活动中生动、活泼、主动地学习。同时强调“教育活动内容的组织应充分考虑幼儿的学习特点和理解规律”，“注重综合性、趣味性、活动性，寓教育于生活、游戏之中”。

教师要关注幼儿自己的生活，关注幼儿感兴趣的生活。从现实生活中发现和寻找课程资源，从现实生活中让幼儿感受世界的美好和趣味。

活动的开展始于教师的主动倾听及观察，通过观察幼儿的行为，发现他们的兴趣点，识别幼儿的内在需求，并适时对幼儿的需求进行情感和探究支持，促使孩子们积极参与。《3—6岁儿童学习与发展指南》指出，教师应当“创造条件和机会，促进幼儿手的动作灵活协调”，从而“引导幼儿生活自理”。教师通过给幼儿提供原材料和半成品，让幼儿有更多机会参与制作活动，培养幼儿的责任感。同时，为孩子们创设开放自由的学习环境，让孩子们在制作过程中体验到劳动的快乐和成功的喜悦，也是成长过程中又一次新的探索。这个活动不仅让孩子们了解了传统美食冰糖葫芦的制作过程，感受到中国传统美食文化，更是锻炼了孩子们的动手能力、分析问题和解决问题的能力，提升了生活经验，并学会分享。活动中我们始终追随孩子们的兴趣，把主动权交给孩子们，他们在猜想、尝试、体验活动中不断成长。

大战“小黑虫”

一、活动背景

今天，已经是张程铭小朋友第三次找到我了，他扒着嘴巴对我说：“老师，我牙疼！”说着便要哭起来。我抱抱他，走到科学区拿到一个放大镜，准备分散一下他的注意力：“来，老师帮你检查一下，看看怎么回事？”看到我拿着放大镜对着张程铭小朋友的嘴巴检查，程悦桐和孟筱然也好奇地跑了过来，说要一起看看。

图1

突然听到程悦桐大声喊道：“啊！老师，我看到一条黑色的小虫在他的牙齿上。”“在哪在哪？我看看。”孟筱然非常好奇地又凑近去看。“太小了，你看到了吗？”“嗯，我看到了，是黑色的小虫，可能小虫咬到张程铭了。”孟筱然非常肯定地回答。听到孟筱然说自己嘴巴里有小虫，张程铭吓坏了，“呜呜呜”地哭了起来……班里其他小朋友也都跑了过来，王浩宇小朋友关心地问道："老师，张程铭怎么哭了？""他的牙齿有虫子咬他，所以他哭了。"孟筱然争着说道……"老师，他牙齿上为什么有虫子？虫子是什么样的？咬他疼不疼啊……"我莫名地对这群小可爱扬起欣赏的视角，心里暗喜，我何不试着以追随者的心态去追随孩子们的方向，解决一下这条"小黑虫"？幼儿园生活活动可以培养幼儿良好的生活卫生习惯，儿童时期是形成各种习惯的关键时期，幼儿的可塑性强，良好的生活习惯养成将使他们一生受用无穷，尤其是对幼儿的个性形成，有着多方面的深远影响。于是，关于如何消灭牙齿上"小黑虫"的活动就这样开始了。

二、活动内容与过程实录

著名儿童教育家、儿童心理学家陈鹤琴说："大自然、大社会是知识的源泉。应让儿童在与自然和社会的直接接触中，在亲身观察中获取经验和知识。"儿童通过观察后所获得的新经验，正是来自生活中积累的已有经验，从而将已有经验转为生活游戏与同伴进行分享。大战"小黑虫"这一活动，自然生成。孩子们开始去探索原因并积极尝试解决，而我，就继续保持追随者的心态，给予充分的支持和鼓励，陪伴孩子在游戏中获得成就感。

（一）活动策略

1. 呵护活动生成

（1）通过张程铭小朋友牙齿疼痛，幼儿自己判断牙齿上的小黑点是"小黑虫"，从而激发幼儿主动想要观察同伴牙齿是否也有"小黑虫"这一行为。

（2）幼儿将想象出来的"小黑虫"画一画。

图2

2. 分析反思

教师从幼儿的兴趣点出发，让幼儿通过画一画的方式使已知经验再现，促使幼儿萌发想要消灭牙齿细菌的愿望。

（二）深入探究活动

1. 提出问题，点燃探索火花

（1）问题一：牙齿上为什么会出现“小黑虫”？

① 佳霖组

悦桐：“应该是吃糖吃多了。”

佳霖：“还有，他应该是吃糖的时候不喝水，然后糖粘到牙齿上了，妈妈说‘小黑虫’也喜欢吃糖。”

② 奕森组

奕森：“虫子喜欢吃青菜，可能是他没有刷牙，青菜上有虫子，就粘到牙齿上了。”

浩宇：“对，他吃完东西漱漱口就好了。”

（2）问题二：如何检查自己牙齿上是否有“小黑虫”？

① 佳霖组

佳霖：“我们的表演区有镜子，可以张大嘴巴，自己看镜子里面。”

② 奕森组

奕森：“我们还可以和好朋友一起合作，我帮他看，他帮我看。”

（大家一起试一试）

图3

（3）分析反思：结合已发生的“小黑虫”事件，幼儿对保护牙齿已有了初步的探究欲望。经过讨论，幼儿分别利用镜子和放大镜两种材料和方法观察牙齿。在自发寻找要观察的对象过程中，幼儿企图在放大镜的帮助下找到“小黑虫”，可是一条“小黑虫”也没找到，尽管如此，幼儿看起来很失望，最后又转变为欢喜的状态。像房佳霖宝贝说的：“还好我们嘴巴里都没有‘小黑虫’，这样我们便不会牙疼了。”在这个过程中，幼儿的社会交往能力得到发展，并从心里开始关心他人。

2. 实物呈现，使幼儿获得触摸和操作体验，激发幼儿保护牙齿的强烈愿望

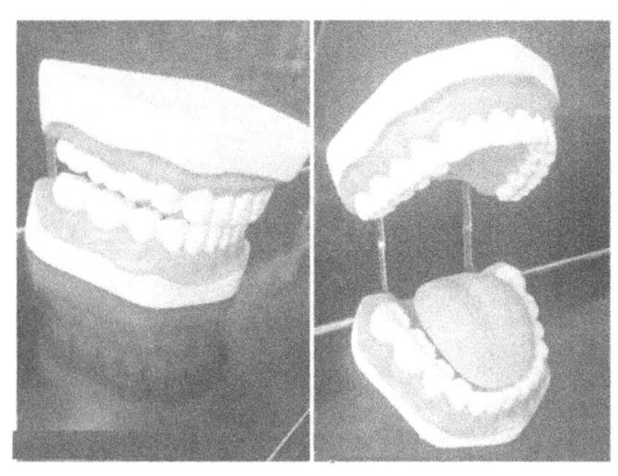

图4

（1）看一看，摸一摸，让幼儿自由观察和交流

① 佳霖组

筱然：“哇，这个嘴巴好大啊，牙齿好白啊。”

佳霖：“这个牙齿能把我的手吞到肚子里啦。”

筱然：“这还有舌头呢，我们摸摸它吧，好软啊。”

若来：“房佳霖，这个嘴巴好大啊。我帮你扶着，你先看看，一会儿你帮我扶着，我再看。”

佳霖：“好的，我们是好朋友。你看看这个牙齿长在哪里的呀？这个红色的是我们的肉吗？牙齿是从这里长出来的吧。”

若来：“我也不知道，等一下我摸摸试试。”

②奕森组（视频文件：自由探索口腔结构）

奕森："这是牙齿、舌头。"

浩宇："给我看看吧。"

奕森："等一下，让韩荣岳先看，一会儿你再看，你刚刚已经看一次了……"

奕森："好了，可以让浩宇看了。"

（奕森宝贝在这个过程中，主动承担维持大家观看的秩序工作）

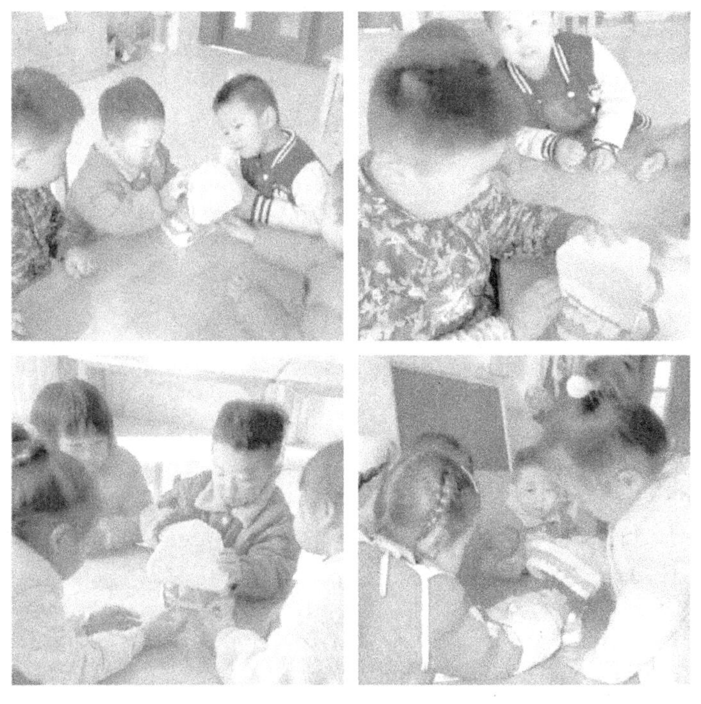

图5

分析反思：通过让幼儿观察口腔模具实物，并说一说大嘴巴里都有什么？教师在这一过程中不给予介入，尊重幼儿，让幼儿自由讨论和交流，并结合已有经验，充分发挥自我认知能力，融入游戏，大胆交流。在自由观察和交流的过程中，幼儿的观察能力、语言表达能力均得到发展，游戏的规则意识也在逐步形成。为了强化幼儿对口腔结构的正确认识，教师决定介入，重点讲解牙齿结构，以及应该如何做好全部牙齿的清洁。

图6

（2）探究正确的刷牙方法

刷牙需要什么？

小朋友平时是怎样刷牙的？

你的牙齿真的刷干净了吗？

小组进行讨论，并将自己的想法画出来。

图7

筱然："我先挤上牙膏，刷刷上面的牙齿，再刷刷下面的牙齿，还有舌头，也刷一刷。"

悦桐："我是对着镜子刷牙的，这样我就能看到我的牙齿干不干净了。"

若来："我喜欢用蓝色的牙刷，因为它是我的电动牙刷，能把我的牙齿刷得很干净。"

奕森："我每天吃很多食物，牙齿缝里有很多细菌，我会张大嘴巴仔细刷，每颗牙齿都得刷，否则就有小黑虫啊。"

（3）借助牙齿模具分组练习

① 佳霖组

悦桐："要先挤上牙膏，刷刷上面的牙齿，再刷刷下面的牙齿，还有舌头也刷一刷吧。"

佳霖："那还有这里呢（后边的大牙）？你还没刷这里呢。"

悦桐："你帮我把嘴巴张大一点，我够不到里面啦！"

佳霖："好的。就像我这样吗？（佳霖自己张大了嘴巴）哈哈哈。刷牙真好玩，回家我去试试。"

图8

②奕森组（视频文件：分享交流我是如何刷牙的）

分析反思：幼儿在观察口腔模具后，已初步了解自己牙齿的结构，幼儿不断尝试各种刷牙方法：先挤上牙膏，对准牙齿上刷刷、下刷刷、左刷刷、右刷刷、里面刷刷、外面也刷刷。并探究到后边的大牙是平时容易忽略的，通过模具试验，要张大嘴巴才够得到，并说道："刷牙真好玩，回家我要试试这个新方法。"这说明幼儿已经掌握新的刷牙经验，并乐于尝试。

（三）家园共育，请家长和幼儿一起快乐刷牙

（视频文件：我要刷牙，大战"小黑虫"）

分析反思：根据幼儿的学习规律与特点，幼儿在刚刚学会一种技能时，会自发地反复练习，直到完全掌握。也就是说，幼儿动作的学习需要一个反复练习巩固的过程。所以，在这个生活活动中，我们可以借助家长的力量，为幼儿的良好习惯搭建桥梁。

三、活动特点及价值所在

本活动案例是在幼儿一日生活中生成的，活动过程中呈现了幼儿自由、自主的开放性探究学习过程。生活活动是非常适合幼儿的学习方式的，从幼儿认知学习特点来看，生活主题教育能够有效调动多种教育元素，从多角度与幼儿的已有经验建立联系，使之达到更好的教育效果。

游戏是儿童最基本的活动方式，更是幼儿园课程实施的重要途径。我们不断在生活中捕捉课程的生成点，为幼儿搭建游戏化的学习桥梁，探讨实践课程游戏化的精髓。我们在观察儿童的过程中，看见了儿童的力量，开始敬畏儿童。在活动中，我们以陶行知老先生的"生活教育理论"中的"活"精神，抓住"活"事件，抓住"活"材料，摒弃固有的成见，学会放下先入为主的"以为"和评判，观察在前、谨慎介入、不盲目插手。时刻谨记对幼儿游戏意愿的尊重，以及保持对幼儿游戏能力和自我成长能力的信任，因为"信任"是对孩子最大的支持！

跳皮筋

一、活动背景

早操后散步时间，董子怡和陈苗很快发现了运动区投放的彩色皮筋。“快看！这是什么绳子，我没见过。”“不是绳子，这是松紧带，夏天我妈妈给我做裙子用过。”陈苗回答说。雨桐和子睿过来凑热闹：“让我试试，这个是塑料条吧，还有弹性呢。”子睿说：“我知道，是皮筋，能做成长面条！”陈苗说：“这个一定很好玩，我们去做个规划，一会儿去玩皮筋。”“好的。”几个孩子很快按照自己的意愿和想法做好规划图。

图1

二、活动内容与过程实录

（一）皮筋初探索

游戏时间一到，子怡用皮筋玩“拉小狗”游戏，她在前面拉，“小狗”蹲在皮筋里走，先拉一只，再拉两只、三只……“小狗狗们”开心地叫着并倒着爬。一会儿更多“小狗”来啦，“拉小狗”改成“开车”游戏，“车厢”里挤满了客人。苗苗正和好朋友用皮筋玩跳绳游戏，博涵觉得好玩，从甩来甩去的皮筋下面爬过去，没几分钟，更多孩子都过来爬过去，有的钻、有的爬，大家嘻嘻哈哈，玩得很开心。

1. 分析

从孩子刚开始对皮筋的探索中可以看出，孩子对此材料是没有经验基础的，对于初次接触的皮筋，孩子拥有强烈的好奇心，从而激发起孩子的求知欲和探索欲，对皮筋玩法充满丰富的想象力，并对皮筋产生多种多样的玩法。

2. 支持回应

看到孩子们对初次接触皮筋充满浓厚的兴趣，职业的敏锐让我察觉到我要抓住一切可利用的教育契机，创造孩子学习的机会。通过语言介入激发孩子的兴趣，并让他们互相讨论、探索，皮筋可以怎么玩?

（二）第一次探索跳皮筋

第二天一早，雨桐高兴地跑进教室对思晗和静怡说：“我妈妈昨天教我玩跳皮筋，我们一起玩吧。”雨桐让思晗和静怡先把皮筋撑开，她刚进去跳，郭嘉、李琦和好多孩子看见啦，大家都来尝试跳皮筋。郭嘉从左边跳到右边，李琦在皮筋中间来回乱跳，边跳边大声喊：“真好玩，快来跳皮筋。”这一喊，皮筋两旁又挤进来几个孩子，好多孩子都没有规律地跳起来，皮筋缠到乐乐的脚脖上，他扯着皮筋转圈圈，皮筋被扯来扯去，跳皮筋成了一团糟，思晗也被踩到脚。就这样，跳皮筋游戏进行不下去了，雨桐拉住我的手让我帮助她。

图2

我让孩子们先静下来，笑着让他们谈一下自己的感觉。思晗说：“小朋友太多啦，都挤在一起啦，就不能跳皮筋了。”新宇说：“皮筋里的小朋友来回乱跑，他们也不会跳。”静怡说：“他们没有规律地跳，把皮筋扯得很高，我们就不能跳皮筋啦！”乐乐说：“我们不会跳皮筋，雨桐，你跳给我们看看吧。”“好吧。”雨桐开心地答应啦！雨桐让静怡和思晗重新撑好皮筋，她站在中间，左右脚交替跳了起来。孩子们高兴地鼓起掌来。我故意问：“孩子们，跳皮筋怎样玩更顺利呢！”孩子们各抒己见，郭嘉说：“我知道啦，两边有人撑皮筋，才能跳皮筋。”雨桐接着说：“两边都跳，会踩到脚的。”奇奇说：“皮筋扯得好高好远，也不能跳。”乐乐说：“原来跳皮筋要注意这么多，我们是不是都要遵守才可以。”我点点头，听孩子们继续往下说。“我们大家都遵守，就没人捣乱啦！”子睿说：“我有个好办法，我们把这些不能做的事情画出来，贴在墙上。”

图3

乐乐说：“第一条，要有两人撑住皮筋才行。”雨桐接着说：“跳皮筋要分小组。”嘉航说：“我们请雨桐做领队，教我们跳。”“也不能把皮筋扯得很高。”最后乐乐又说：“还要有个小班长，管理大家。”孩子们听了，一致同意。那么，选谁当班长呢？雨桐自告奋勇地说：“我当小班长，管理大家。”我给雨桐竖起大拇指。雨桐又说，“我们还要分小组，就用我们原来玩过的水果派对分小组。”每个小组用“点兵点将”的方法选一个组长后开始游戏啦。

制定订好游戏规则，大家玩得顺畅多啦。雨桐让周珠和徐苗苗撑皮筋，她在前面带队，所有队员跟在她的后面跳。她先在外面点两下，双腿交换跳一下，大家开心地跳起来。游戏分享时，孩子们情绪高涨地交流着，乐乐说今天像小兔子一样跳皮筋，左边右边都能跳。玉琪说她像小马过河一样，哒哒哒跳出来再跳进去的，很开心。接着我给孩子们布置小任务：“下周一看谁带来的跳皮筋玩法多。”周末两天时间，一直有家长在群里分享孩子跳皮筋的视频，还配着好听的歌谣。

1. 分析

《3—6岁儿童学习与发展指南》（以下简称《指南》）指出大班的幼儿在活动中能够与同伴合作，遇到困难能一起克服，在游戏中能理解规则的意义。孩子第一次尝试跳皮筋因为没有撑皮筋的人选而发生冲突，小组反思讨论，孩子明白失败的原因，是因为游戏中有许多要遵守的规则，这些规则要和同伴协商制定，并遵守自己制定的规则，游戏才会更快乐。

2. 支持回应

组织孩子反思讨论，分析寻找失败原因，协商制定游戏规则。同时，引导孩子通过图片、符号将协商制定的游戏规则分享出来，并且做到共同遵守。

（三）第二次探索跳皮筋

自主游戏时间一到，周颖迫不及待地拉着他的七个朋友玩跳皮筋。因为他在家跟姐姐学了新的跳皮筋方法，这时乐乐抢着说："我会用唐诗跳皮筋。"周颖让朱朱、乐乐、徐多多、一凡四个人撑着皮筋站成四边形后，自己和另外三个好朋友站在四条边中间，大家一起唱《马兰开花》儿歌，自由跳一会儿。乐乐说："我还有个新的方法。"接着脚尖往前点一下，脚跟往后点一下，右腿往皮筋里跳两下。三个伙伴一边说唱儿歌，一边学乐乐的方法。乐乐像个"小教师"一样非常认真，他先让三个伙伴站在他后面学完，又让他们站到四条边去跳，跳了一会儿，周刚说："我还会踩皮筋跳。"说着他用左脚踩一下皮筋并点一下，又换右脚踩一下皮筋，大家又跟着周刚踩皮筋跳。（视频1：问题一，替换皮筋不顺利；视频2：问题二，合作出问题）

正玩着游戏，周彤把皮筋一松，生气地说："每次都是我撑皮筋。"家乐拿着皮筋硬往周彤的头上套，没人撑皮筋就不能跳啦，周彤就是不愿意。徐一凡也生气说："说好的，我们一人跳一会儿，你们都不来替我。""我再跳一会儿。""不行，一凡也生气了。"小组开始争执起来，跳皮筋只好停了下来，朱硕也要哭，此时场面进入僵局。大家互相指责埋怨，我和其他教师故作没看见，过一会儿，家乐左右看看，急得直咧嘴："别哭，咱们想个办法，剪子包袱锤，谁输了谁去撑绳。"周彤不同意，摇着头说："这也不公平，上两次玩棋，我都是剪刀。”

争执还在进行着，正巧游戏时间到了。在进行总结反思时，这一组的孩子抱怨声特别大。朱硕说：“我们在交换跳时发生了不愉快的事情。”我请孩子们耐心把事情过程说一遍后，组织孩子讨论：①问题出在哪里？②出现这样的问题，应该用什么方法解决？全班孩子们展开积极讨论。“可以听一遍儿歌换一个人”“用《马兰开花》吧”“拍手交换也可以”“我知道儿歌有两段，正好在一百一交换”……整个教室气氛变得活跃起来。“大家想的办法都非常好，下次小朋友可以试着去解决刚才的问题。”接下来几天，把能玩的跳皮筋玩法玩个翻天，孩子们吵着让我教他们好玩法。

我想到小时候玩过的“翻花跳”，可是有很大难度。我又想了一下，何不趁着孩子高涨的热情，教给他们一个简单的编花呢。我简单地给孩子们做了示范，孩子们见状，主动三个人一组撑皮筋，三个一组绕边跑，边跑边跳，每次更换一个小朋友拍手，又跑又跳，玩得特别开心。“老师，这个翻花跳，能用儿歌吗？”“你们可以试一试呀！”孩子们用平时学到的儿歌，结合翻花动作，又玩嗨了。接下来的几天，孩子们用自己的儿歌，配合着动作乐此不疲地玩转皮筋。（视频：开心跳皮筋）

1. 分析

孩子们玩皮筋的技巧越高，在游戏中的探索性、创新性、自主性就越大。在多次合作跳皮筋游戏时，孩子们因为撑皮筋替换不公平产生矛盾，发现这一点后，孩子们又积极讨论，寻找多种途径和方法，最终通过歌谣解决。

2. 支持回应

《指南》社会领域中指出，大班的幼儿在活动中能够与同伴合作，遇到困难能一起克服。教师应该引导孩子发现问题、分析问题、解决问题，并鼓励和支持孩子自主决定跳皮筋玩法，创新跳皮筋玩法，同时对孩子的表现给予及时鼓励和肯定。

（四）第三次创新跳皮筋

玩了几天的“马兰开花”后，在一次户外游戏时，郭嘉说：“咱们玩点刺激的，跨大桥吧！这次不是跳皮筋，而是要从皮筋上面蹦过去。”

不一会儿，越来越多孩子加入这个队伍中，他们一个接一个从皮筋上面蹦过去，这时候，果果提议，从上面跳过去，脚不能碰到皮筋。撑皮筋的孩子也觉得有趣，于是把皮筋撑得高一些。这下使得特别多的孩子蹦过皮筋时会碰到脚，难免输了下来。赢的孩子更起劲啦，皮筋又被撑到孩子腰上，皮筋难度提高啦，拉开距离往前冲，郭嘉这次把蹦换成跨步啦，挑战成功。郭嘉让撑绳的小朋友把皮筋压低，呼啦呼啦一群孩子从皮筋底下爬过去，撑绳的孩子想出花招，他们横竖交错，织成“渔网”，果果又提出建议，从渔网下钻过去，不能碰到皮筋。

图4

许多孩子碰到皮筋，还在钻，乐乐气地跺脚：“你们输啦，不让你们玩！”个别孩子不听，硬是钻，两人发生冲突。我仔细问了情况，明明说，原来不知道有规则，我告诉他们规则要在游戏前讲清楚。两人和好以后，又跑到一边谈论新玩法，看来孩子们又要准备新游戏规则啦。

分析：大班孩子非常爱动，总能想出各种各样有趣的玩法。孩子们在不断尝试新游戏的过程中，难免会遇到一些困难和矛盾，引导孩子们通过合作协商来制定新游戏玩法和规则，让游戏顺利进行下去。

（五）第四次“跳皮筋”再创新

自主游戏时间，孩子们又按照区域和材料进行规划，这次郭嘉、国栋和家乐是去野战区玩“火箭发射”游戏。国栋将皮筋缠在沙包上，一边扔一边说，开炮！郭嘉看到国栋的“大炮”，大笑：“看我的火箭发射比你远得多。”他把皮筋一头系在捉尾巴的道具上，拿着皮筋跑到一棵树下，把皮筋缠到一棵不高的山楂树树干上，一边往后一边用力拉“火箭”，一直退到皮筋拉不动的地方，右手一松，“火箭”射到前方去了，自己高兴地跳起来。家乐不服输，跑过去把沙包换成鸡毛毽。他也用同样的方法，把皮筋一头缠在毽子上，另一头却挂在高一点的数枝上。啪，“火箭”射出去了，国栋说：“远一点，飞得还是太低。”家乐说有个办法让“火箭”飞天，说着让两个好朋友一起帮忙把梯子架到一棵高树上。国栋爬上梯子，郭嘉边扶着梯子边喊：“小心点。”国栋爬到第五个格子，他伸手试了一下，正好够到树杈。

他把皮筋往树杈上绕了两圈，拽一下，又把皮筋打个结。然后说：“这次，火箭可以往又远又高的地方发射啦！”家乐和郭嘉赶紧把皮筋拿过来，让国栋帮他俩也系好。三人一起又把梯子放下来，国栋热得小脸通红，嘴里念道：“来吧，我们来个‘导弹’上天，一、二、三，发射！”

图5

三个人都把皮筋拉到不能再拉了。“哇，好远！”家乐说，“下次咱们合作一个‘无敌摩天轮’，让它飞上天！”“好的。”三个孩子激动地拍手击掌。（视频：火箭1、火箭2）

反思：《指南》社会领域中指出：幼儿与成人、同伴之间的共同生活、交往、探索、游戏等，是其社会学习的重要途径。

在多次探索和体验跳皮筋中，我们看到了孩子在传统游戏中的成长、在游戏中的创新，以及跳皮筋游戏给孩子带来的快乐！单人跳、双人跳、合作游戏不仅有助于提高孩子身体动作的灵敏性和协调性，增进同伴之间的语言表达，提升相互合作的团队能力，培养孩子对体育活动的兴趣。同时，和谐明快的“马兰开花”鼓动孩子的兴趣，在整个游戏中，我们看到了孩子所拥有的强烈好奇心、专注力，并且为之不断去探索创新的好品质。

三、活动特点及价值

（一）游戏活动的特点

（1）皮筋作为一种低结构材料，具有简单易行、变化灵活的特点，玩花样跳皮筋，促进幼儿自主探索能力的发展。

（2）跳皮筋是我国传统民间游戏，它将跳皮筋和童谣巧妙结合，更加符合孩子活泼好动的个性特点。孩子们在自主活动中相互学习、共同成长。

（二）游戏活动的价值

（1）纵观整个游戏过程，孩子们积极主动探索，情绪高涨地投入游戏中。其间，孩子们相互合作、动脑思考，发现、分析问题，并在探索中解决问题。

（2）孩子们在跳皮筋集体游戏中，能积极主动地从家人、同伴中获得跳皮筋方法的原有经验，在给同伴快乐分享的同时，不仅有助于锻炼孩子的协调能力和跳跃能力，而且促进了孩子的团结协作能力。

（3）孩子们在多次尝试新游戏活动中，自主交流、协商合作，共同设计游戏规则并且不断完善，促进了大班幼儿规则能力的培养，让孩子们感受到遵守规则的乐趣。

水　车

一、活动背景

周一早上的晨间谈话活动，我们的话题是“周末都去哪里玩了”。

这可打开了孩子们的话匣子：

“妈妈周末带我去了古城，我们在古城里吃了糖葫芦。超好吃！”

“我和爸爸妈妈还有弟弟去了万达广场，万达广场下了一场好漂亮的雪！不过是人工雪！”

“我周末去了水上公园，看到一个很大的水车。”

这可引起了一个话题的高峰，大家纷纷附和表示自己也见过水车，开始激烈地讨论起水车的外观和工作原理。

“水车超级大，晚上上面还有灯，很漂亮！”

“我在我奶奶家见过水车，转起来的时候可以把水带到农田里。”

看到孩子们谈论得很激烈。我顺势跟孩子们讲述了黄河水车的故事。

“台儿庄黄河水车有着近300年的历史，也是目前保存完好的最古老的水车之一，水车是一种古老的提水灌溉工具，在干旱时汲水灌溉，节省人力，在水涝的时候还可以帮助人们排水。但是，从2011年起这架老水车因为‘淤泥缠身’陷入了彻底的沉寂，但是依然有很多游客去给水车拍照，写歌作画来赞美它。”了解过后孩子们对水车的兴趣更浓厚了。区域活动时间，有几个美工区的小朋友画出了水车，他们激动地拿给我看，但是只有一个简单的外观，细节并不是很完整。并且孩子们跟教师说打算去建构区搭建一下水车。那我觉得既然有兴趣，教师应该尊重他们的想法，抓住教育契机，支持他们的探索。

二、活动内容与过程实录

今天的区域活动，我为孩子们准备了各种水车的图片，并且和孩子们一起观察，大家逐渐对水车有了更直观的了解。当我们讨论水车支架怎么画时，姬鸣悦说："老师，支架不好画，我们改成三角形的吧。"经过大家的一致同意，我们开始画图纸，画完以后我们分享时发现了问题：长边、短边分配不均，数量也不准确。于是，我们重新观察图片，讨论长边和短边的位置。并且回家以后去水上公园实地考察，同时完成一个亲子制作：水车模型。孩子们在家里画好图纸第二天带过来。这次的图纸画得比较标准，只是支架部分还是有几个人画的是梯形。下午孩子们仔细观察模型讨论后，开始了第三次的图纸设计，并做分享。

（见图1模型、规划图纸）

图1

于是，我们的搭建之旅就此开始啦！

（一）场景一：搭建初探

材料准备：纸杯、跳绳、小呼啦圈、水车模型。

孩子们将图纸张贴到了黑板上，确认每个部分都没有问题后，张小沬小朋友帮助我们分配了每个部分的负责人，这样我们的搭建就开始了。

陈亚楠首先从阳台上找到了一个呼啦圈当作内圈，但是她把内圈放到了外圈靠左部分的地方，然后在拿纸杯的过程中发现呼啦圈放偏了，于是自己调整了一下，然后开始搭内圈。外圈的小宝用我们的一根大绳和小绳围成了一个大圆，也开始外圈搭建。张小沫他们的短边没有搭在两个长边的中间，而是在靠左的位置。这时候姬明悦发现了这个问题，于是马上告诉张小沫，她喊着张小沫来到了黑板旁边，姬鸣悦说："张小沫，图纸上的短边在长边的正中间，你搭错了。"就这样，两人也开始调整，水车搭建初具规模。

（见图2第一次搭建）

图2

1. 总结

"请大家说一说，我们在搭建的时候遇到的问题，并想一想该怎么解决。"

小宝说："外圈不圆，摆圆点。"

陈亚楠说："内圈最初摆歪了，但是我又调整了。摆完发现有点小，可以找一个大的呼啦圈。"

蔡一凡说："每个长边的数量不一样，有的多，有的少。（再一次印证了外圈不圆）怎么解决呢？我也不知道。"

2. 反思

在搭建过程中，孩子们自主进行分工合作，使游戏能够顺畅进行，遇到困难或者发现问题能够及时沟通、讨论，积极思考解决办法。虽然有些比较难的问题暂时没有答案，但是我们已经开始想办法了，并且能够合作解决一些基本的问题，在不知道怎么继续的时候，孩子们就到图纸旁边仔细研究。

（二）场景二：曲径通幽

材料准备：纸杯、大呼啦圈、丝带、积木圆桶、模型。

为了解决外圆的问题，我们继续充实材料放到了建构区的工具箱里，加入了积木圆筒、等长的丝带、大的呼啦圈。第二次的搭建开始了，这次大家有了更明确的目标。有了积木圆桶，大家好像有点方向了，刚开始拿过来大家不知道丝带应该往哪个方向扯，于是八根绳子朝向了一边的半圆，而另一边一条也没有，这时候侯宽洋发现了这个问题，开始对丝带进行调整，突然，他发现了盖子上面的标记，于是像发现新大陆一样大喊起来。大家可以按照这上面的标记来摆丝带。丝带就位了，开始长边的搭建，效率高了很多，但是他们在拉丝带的时候，把积木桶拉偏离了一点，而且丝带没有拉直，这两个原因导致长边和短边都偏离了位置。侯宽洋和蔡一凡发现了这个问题，他们重新拉直丝带调整了一条长边，只见蔡一凡帮忙拉着丝带，侯宽洋沿着丝带摆纸杯。

两个人的合作很默契，当然结果很成功。但是他们只完成了一条长边的调整，其他的长边还是偏离位置。

（见图3第二次搭建）

图3

这边支架部分的邵蔚洁和范子溪决定沿着长边的延伸部分继续搭支架，但是邵蔚洁搭得歪了，范子溪搭得很直，于是她叫来了范子溪帮忙调整。

活动结束后，我们再一次进行了讨论和反思。

1. 总结

“请大家说一说我们在搭建的时候遇到的问题，并想一想该怎么解决。”

侯宽洋：“长边有的在位置上，有的不在位置上。”

师：“为什么会这样呢？”

侯宽洋：“我一拉，圆桶就动。所以我的纸杯位置就变了。”

师：“那我们该怎么解决呢？”

小宝：“我们把积木圆桶装满积木，把它变得很重。”

王睿莹：“我们拉丝带时轻轻地拉。”

韩旭：“我们找一个人按住圆桶。”

姬鸣悦：“我们可以用胶带粘住，粘在地上。”

最后，大家选择了姬鸣悦的方案，打算下一次再做的时候就粘在地上。

张小沫：“短边没有在长边中间摆，有偏移。”

师：“为什么会这样呢？”

张小沫：“长边没有确定好方向，所以短边也找不准，积木圆桶一直乱跑。”

师：“那么我们该怎么解决呢？”

（如图4短边偏离）

图4

张小沫："把积木桶固定住。"

师："搭建长边除了用丝带还可以用什么呢？我们的木地板是什么形状的，上面有什么？"这时候姬鸣悦一下子明白了，她说："我们可以借用地板上的直线来搭建长边。"

师："那我们可以所有长边都用地板线吗？"

张小沫说："不是，可以四条直线，然后再搭四条斜线。"

姬鸣悦："外圆还是不圆，一会儿凹进去，一会儿凸出来。"我继续追问怎么解决呢？她说："我们可以把长边和短边都摆好，最后再摆外圆。"

张小沫说："先搭长边，再搭外圆，最后搭短边。"那这样怎么找中间点呢？还是没有方法。于是我们玩了一个小朋友排队找中间的游戏。突然，姬鸣悦说："老师，我知道纸杯怎么找中间了，我们数一数两个长边中间弧形纸杯有多少，然后左边、右边一样多的地方就是中间了。"大家都说："这真是个好办法，明天我们去试一试。"

2. 反思

辅助材料的添加，增加了孩子们的兴致和思考的机会，孩子们耐心地进行游戏，遇到问题可以和自己的搭档一起分工讨论、解决问题，表现出了良好的合作品质。

（三）场景三：柳暗花明

1. 材料准备

纸杯、大呼啦圈、丝带、积木圆桶、冰糕棍。

2. 活动开始

区域活动开始了，大家在昨天的基础上，很快就找到了长边的位置，而且沿着地板线搭效率很高，对于外圆也会从两个长边往中间搭了，一切是那么顺利。突然，姬鸣悦说："老师，我的纸杯老是倒。"我说："那是什么原因呢？你仔细找一找问题所在。"姬明悦看了好半天说："我的底座没有挨紧，所以上面就有的够不着，有的直接对着下面了。"我说："嗯，那我们调整一下吧！"然后他们还用冰糕棍装饰了外圆。

图5

图6

正当我们快完成时，一位教师进来说："好漂亮的摩天轮！"陈亚楠说："不是摩天轮，是水车！"我继续提问"那我们怎么证明这是水车呢？"

陈亚楠说："水车在水上，我们给它加点水。"

师："那怎么加呢？"

姬鸣悦说："我们可以用纸杯摆出来水波纹。"

蔡一凡说："好，我们还可以用蓝色的纸杯去搭。"

姬鸣悦说："蓝色纸杯不够，我们不用选颜色了，只做出来波纹形状就行了。纸杯颜色不好看不要紧，搭起来好看就行了。"

于是，我们在原有基础上随即又加了水波纹。（见图7、图8）

图7

图8

3. 反思

孩子们是真正的游戏玩家，经过前两次的经验积累和试错，孩子们对于水车的结构了然于胸，所以此次搭建既解决了长边、短边的位置问题，也解决了外圆不圆、支架不直的问题。同时，孩子们能够创造性地加入水波纹，彰显出孩子们丰富的想象力和创造力。

本次活动的材料都是低结构材料，低结构材料的玩法具有高度的开放性，可以打破固有思维，不断地挑战幼儿的“最近发展区”，满足幼儿个体差异的需要。幼儿可以在与材料充分互动的基础上，享受自主游戏的快乐时光。

此外，孩子们也在活动中增加了对家乡文物和历史的兴趣，萌发出热爱家乡的情感。

当然，活动中依然存在很多不足，如场地、材料的局限性，限制了孩子更高水平的发挥。在以后的游戏开展中，我们需要不断地弥补不足，助力幼儿的自主游戏活动。

三、活动特点及价值所在

本游戏案例起源于孩子们的晨间谈话活动，又在区域活动中再一次得到了支持，凸显了独创性和自主性。游戏过程中，孩子们学会了思考、反思、调整、合作、协商，能够有依据地解决问题，获得了良好的发展。

在这次水车搭建游戏中，孩子们在一次次的动手操作中不断地发现自身的问题，并且通过和同伴之间的沟通、合作以及向教师求助等方法来解决问题。这次活动让我们看到了幼儿的自主学习和发展，在游戏过程中孩子表现出来的积极态度和良好行为倾向是未来他们学习和发展必需的宝贵品质。

《3—6岁儿童学习与发展指南》中指出，教师要做幼儿学习的支持者，充分利用一些可利用的教育契机，尊重、放手、支持幼儿游戏发展。大班的孩子思维更活跃，游戏方法更多，同时和同伴之间的合作也更多。为了拓展幼儿的游戏空间，我们不断地充实游戏材料，让幼儿在游戏里能够自主选择，并与环境、材料进行充分互动，在游戏中鼓励幼儿发现问题、解决问题、主动探究，并在必要时以提问、提示、提供材料的方式及时予以支持，从而促进孩子的进一步探索和需求满足。

接下来，我们会通过生成课程创设班级区域活动，帮助幼儿继续认识各种各样的水车、手工亲子制作水车、水车工作原理等内容，来满足孩子们进一步的探索和需求。

幼儿天生被赋予了自主游戏的权利，今后，我们会继续掌握好师幼主体的平衡性，学会尊重、放手、支持幼儿，帮助幼儿在自主游戏中获得最大程度的发展。

灵巧的小木匠

一、活动背景

因改造园所环境，幼儿园的北院不得不砍掉一棵榕树，孩子们见了，都七嘴八舌地议论起来："哇，有一棵树被砍倒了！""为什么要砍掉呢？""这棵树有多大了呀？""明年春天它还能长起来吗？"孩子们对于这棵树兴趣盎然，那么，怎样将这棵树有效利用起来，成为孩子们游戏的材料，让孩子在与这棵树的互动中获得发展？这成为一个值得思考的问题。大班幼儿对周围的事物充满了好奇心，喜欢动手，创造能力、动手能力也有了一定的发展。《3—6岁儿童学习与发展指南》（以下简称《指南》）在健康领域中也指出要"促进幼儿手的动作灵活协调"，促进小手肌肉的发展，会使用一些简单的工具。基于此，我们开展了本次活动——"灵巧的小木匠"。

二、活动内容与过程实录

（一）游戏推进一：小树何去何从

被砍倒的榕树在幼儿园的空地上躺着，孩子们见了，围在那里，多多问："老师，这棵树活了多少年？"我说："数一数年轮就知道了。"三个好朋友趴在一起，仔细数着。

多多："你看树的年轮，我发现它活了五年呢。"

教师："其实浅浅的纹路也算，再试一试。"

明泽："好像是7年。"

天天："好长啊，比我的年龄都大。"

明泽："老师，你看我们把树当成独木桥啦……"

幼儿纷纷跟着去尝试，一个一个走过独木桥，玩得不亦乐乎。我说："除了可以当独木桥，这棵树还可以做什么？""可以当成野战时的掩护、当画板和树杈、可以锯下来做弹弓……"这时，佳佳说："我们不是有木工坊吗，我们把这棵树抬回去，可以做很多东西呢！"

"同意！""同意！"孩子们兴奋极了，叫来了保安叔叔，把小树抬到了木工坊。

图1

（二）游戏推进二：初次探索——多变的玩法

回到木工坊，孩子们开始认真地研究这个大家伙，有的摸一摸树皮表面不规则的纹理，看见里面还藏着一只小虫子；有的仔细观察树的切口，发现其实锯得并不整齐；还有的说好像一根巨大的金箍棒，要是涂成黄色就好了……大家都在探讨这一根光溜溜的树干到底可以怎么玩。

子涵："我觉得可以做一个跷跷板。"

雅云："我们跳竹竿舞用的竹竿，比这个要细，是不是可以做出来很多根竹竿，我们用来跳舞呢？"

明泽："老师，我玩过游戏——愤怒的小鸟，里边有这种树杈，可以做个大弹弓！特别好玩的！"

"我知道我知道，那我们需要一根皮筋，我们还可以拿沙包当子弹。"小杰跳起来大声地说。

孩子们迅速去找材料，并请工人师傅帮忙把树杈锯了下来，制作了一个简单的弹弓，兴致勃勃地抬着弹弓来到院子里，可是没有可以固定树杈的地方，一个眼尖的小女生说："这里有洞洞，可不可以把树杈插进去？"一个比较强壮的小男生自告奋勇："我来！"他使劲地把树杈插进排水洞里，左右晃了晃，还算稳定，"愤怒的小鸟"游戏开始了……

一个女孩先开始，把沙包放在皮筋后边，拉绳，放手，可是沙包还没弹出去，一个男孩忍不住了，说："我试试。"他把沙包放在皮筋上，向后拉，但是手挡在了沙包前面，子涵说："不行不行，这样弹不出去的。"

师："为什么弹不出去？"

子涵："因为手挡住了。"

师："怎样才能不挡住沙包呢？"

于是，几个孩子开始叽叽咕咕地讨论，怎样能让沙包射得更远。最后他们得出结论，要把沙包放在皮筋的中间，尽量向后拉长，然后迅速放手，让沙包弹出。几个孩子轮流试了一次，然后创编了一个小游戏，豌豆发射手向大家发射沙包，小朋友们躲避，如果射中了，就淘汰。

图2

“那剩下的树干我们用来做什么呢？”沐沐：“教师，我们应该把外面的树皮去掉，里边就会露出浅颜色的木头，可以用里面的木头加工，做出很多东西来。”这个主意得到了大家的认可，周围的小朋友都鼓起掌来。

“那我们一起去设计一下吧。”

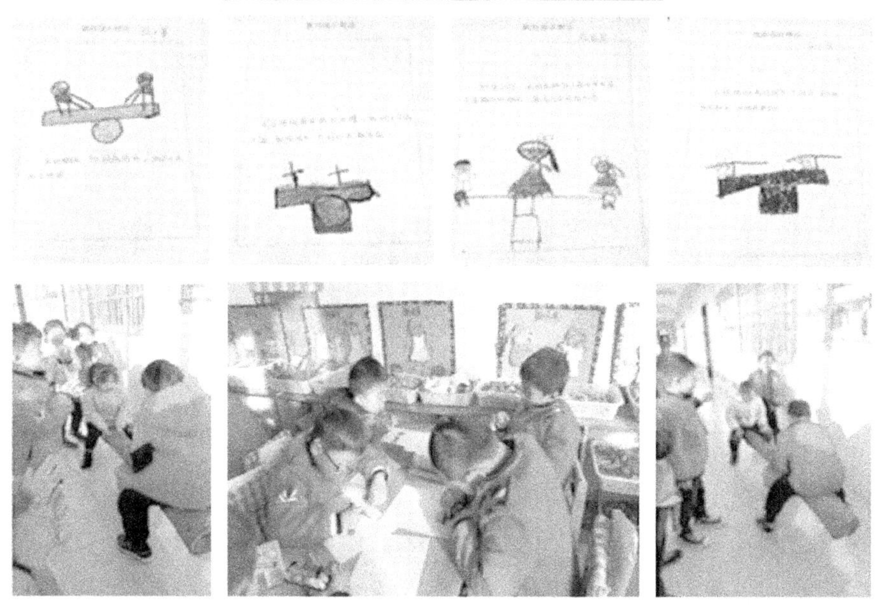

图3

推进策略：认真对待幼儿在游戏中遇到和提出的问题，利用追问的方式引导幼儿积极动脑思考，寻找答案和解决问题的办法。在“愤怒的小鸟”的游戏中，我们发现幼儿遇到了很多的问题，例如“皮筋如何控制方向？”“怎样可以发射得更远？”等，教师要有一双敏锐的眼睛，在幼儿的游戏中及时发现并梳理这些问题，在反思环节让幼儿先注意观察，再引导幼儿自己发现其中的问题，教师及时追问，引导更多的幼儿参与到话题的互动中来，大家都可以发表自己的看法，从而共同商量出解决办法。

（三）游戏推进三：我是“灵巧小木匠”

在保安叔叔的帮助下，树干被锯成了形状不一的木块，孩子们根据自己的设计选择需要的材料，在操作中发现，有些孩子对木块的厚薄与钉子大小、长短等这些关系感知还不够。婷婷在最初选择钉子时，就随意地拿一个去钉，发现钉子不能把木块连起来，于是就换另一型号的，直到选到合适的钉子。东东在操作时，当螺丝全部被旋进木板时，才发现螺帽没办法安了，于是又重新选择更长的螺丝。林林在使用螺丝刀旋紧螺丝和用扳手卸螺帽时总是失败，大喊：“我怎么总是拧不紧呀？”于是他仔细观察旁边的同伴操作，同伴间的互动，一次一次的尝试使他解决了困难，终于能够顺利地使用工具。

经过一段时间的操作，孩子们做出了第一个成品，很简单也并不美观，但是孩子们有着很强的成就感。

亚希拿着自己的作品神气地说：“你看这是我拼的小车。”

乐乐说：“这是我拼的米奇妙妙屋。”

子涵说：“这是我的小板凳。”

……

在一旁认真工作的王宇程看见自己的同伴都在炫耀自己的作品，有些着急了。看到王宇程选择的木块，估计他也是想做一辆车。只见他拿着两块一样大小的圆形木块和一块长方形的木块，用螺丝试了好多次，可是螺丝都太短了，怎么也不能把两块圆形木块一起固定在长方形的两边，用来当车的轮子。这时，在一旁的亚希看见宇程也想做车子，就说：“你怎么还没有做好啊，你看这是我做的小车。”王宇程说：“我的两个轮子怎么也固定不了。”亚希说：“我来帮你试试。”于是，亚希试一试，说：“你选的车厢木块太厚了，钉子太短了，所以不能固定，你要选一块薄点的就可以。”听了亚希的话，王宇程在篮子里寻找适合的木块，他找了一块更薄的木块，将两个轮子安了上去，王宇程开心地笑了说：“我的小汽车终于做好啦！”他拿着汽车在桌上试了试，像个小司机，开心极了。

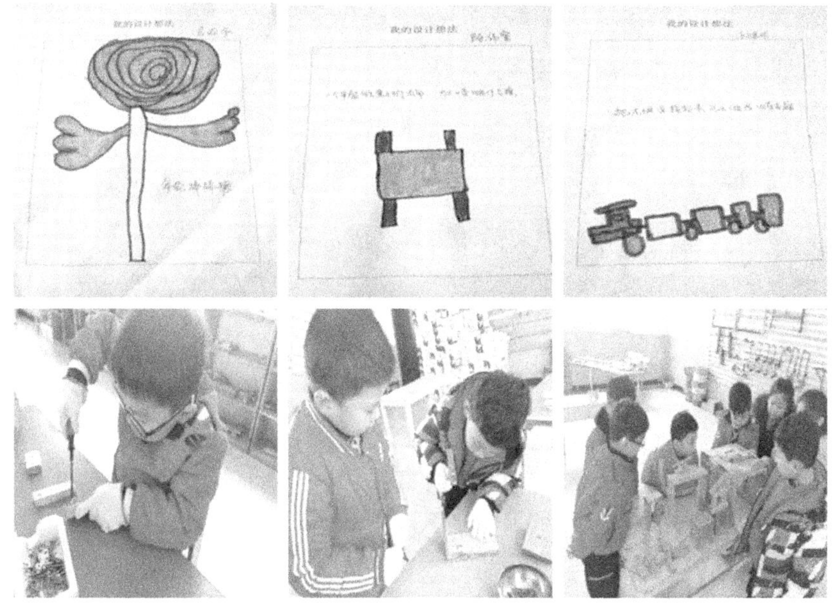

图4

我将孩子们的作品展示出来，让大家一起来欣赏，让孩子们拿着自己的作品给大家介绍。

乐乐说："我觉得我的米奇妙妙屋还不够漂亮。"

"哎！如果在房子上画上窗户，门装饰一下就更漂亮了。"

孩子们纷纷发表自己的想法，怎样让自己的作品更漂亮呢？根据孩子们的想法，我对活动做进一步的调整推进。

目标调整：能够用木板组合出各种不同的造型，并能用各种材料大胆装饰。

大部分的幼儿已经用小木板组合出各种不同的造型，在进行装饰造型时，选择装饰的材料也很丰富。静静用一块半圆形和一块正方形板块拼好了一座房子，然后她从材料超市选择了毛线来装饰房子的屋顶，屋顶变成了彩色屋顶，又拿来了吸管做房子的窗户和门，把房子装饰得非常漂亮；亚希用记号笔给小汽车轮子装饰了漂亮的花纹，王宇程给车身装饰了漂亮的图案，这样就成了一辆小花车；小雨用毛线给娃娃添上了头发，画上了大大的眼睛；杰杰给他做的五星红旗涂上了颜色；等等。

活动分析：在此次活动中，当孩子遇到问题时，教师没有直接地去指导孩子如何解决问题，而是给孩子自己解决问题获取直接经验提供了机会，充分体现了自主学习，通过多次尝试获取有关木块厚薄、钉子长短等特性的经验，对后面的操作提供了直接的经验铺垫。幼儿自主探索、同伴间的相互学习是获取经验的有效通道。经过几个阶段的操作，我们发现此次活动不仅促进了幼儿的动手能力，还促进了其创造能力、审美能力的发展，孩子们在交流的过程中，语言能力也得到了提高，对现有材料的操作已经有了新的探索。因此，如何有效地发挥整体性和综合性是下一阶段需要做的调整。

图5

（四）游戏推进四：“牛”年吉祥

元旦将至，本周带领孩子们进行美术活动——制作“福灯笼”，用来装饰教室环境，小朋友初次感受元旦来临的喜悦气氛，多多说：“老师你知道吗？明年是牛年，我爸爸就是属牛的，所以我想用木头做一头牛送给爸爸，你觉得怎么样？”师：“真好，那咱们一起去做‘福牛’，好不好？”因此，这次活动我们要进行的主题是与新年有关的生肖属相“牛”。

1. 活动目标

（1）知道牛的基本结构：牛头、牛身、牛腿、牛尾等。

（2）能够运用积木的各种形状进行组合、创造情境。

（3）在制作过程中感受过年愉快的气氛。

2. 活动准备

（1）物质准备：各种形状的木块、锯子、锤子、钉子、颜料、板刷。

（2）经验准备：初步了解牛的各部分结构；知道牛年的习俗。

3. 活动过程

师："孩子们，今天我们来到木工坊做什么？"

多多："做我们新年的'牛'，然后装饰让它更漂亮"。

师："对，请每名小朋友选择自己需要的材料，做一头你们喜欢的'牛'，然后将它装饰一下。"

制作开始：

子宁："老师，我需要一块三角形，怎么才能锯出来呢？"

师："你可以先选择一块适合的木板，然后在上边画出三角形的轮廓，然后再试着锯一下，如果有困难我再帮助你。"

子宁："好的。"

小贝："老师，我想做'牛'的尾巴，可是我找不到那么多长条木棍，怎么办？"

媛媛："你可以把两块木条连起来，再涂上颜色呀。"

明明："老师，我想在'牛'的旁边做一个农场，还有房子，下雪的时候'小牛'就可以进到房子里去。"

师："好啊，你可以试一试。"

明明用细木棍做了一座大房子，'牛'的尾巴用小细棍刷上了棕色，变成了新年的"牛"年吉祥。小刚："老师，我做了一个立体的会跑的'牛'，但是不太好看。"说完他害羞地挠了挠头，几个小朋友围过来，夸奖他："哇，不错呢，还有牛角。"我说："你看，小朋友们都很喜欢你的作品，再装饰一下看看，效果会更好哦。"

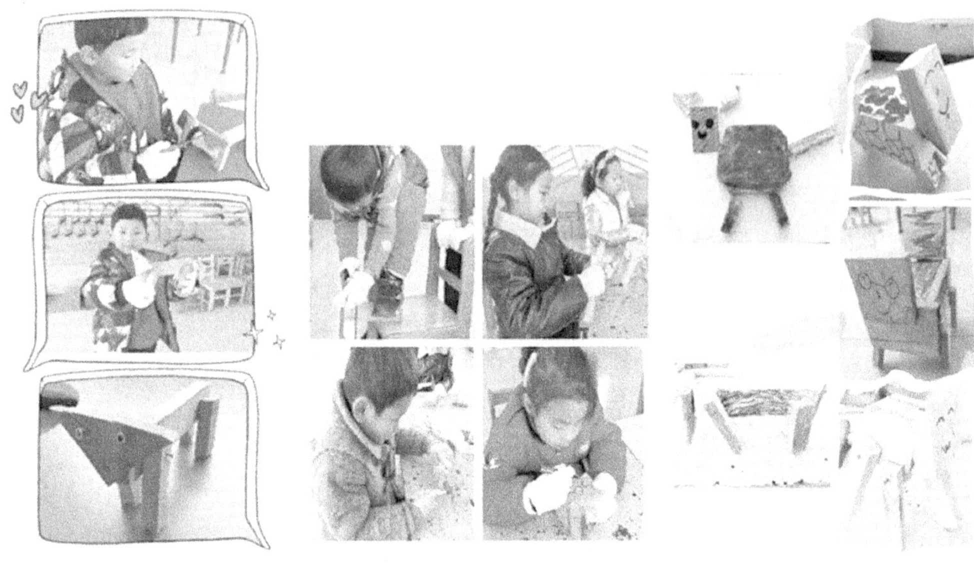

图6

4. 分享活动

师："我有三个问题请小朋友们思考，然后分享给大家：你做了什么？用的什么方法？用了什么材料？"

一诺："我做了新年的'牛'，牛尾巴是一根细木棍。"

子瑞："老师，你见过我做的这样的'牛'吗？"

师："还真是没见过，不过没准儿真有这样的'牛'呢，你是第一个。"

子瑞："哈哈，确实是这样，我也没见过呢，哈哈。"

翔翔有些不太确定自己的作品是不是好看，像不像一头牛，大家都说想象的作品很可爱，是一头傻傻的小牛……给予更多肯定的回答是幼儿创作的动力，相信他们会越来越自信。

5. 活动分析

孩子们找出自己需要的各种木料，用的最多的工具是锯，将木头锯成需要的形状。幼儿制作完新年的生肖"牛"后，可以发现所有幼儿做出的"牛"都不一样，有的长着圆圆的身体，有的是长长的腿，还有各种各样的牛尾巴，有的则是一头滑稽的"牛"，各种形状的"牛"呈现出了新年的喜庆。

（五）游戏推进五：合作搭建快乐多

1. 活动由来

在进行了前期活动后，孩子们自己创作的作品越来越复杂，也越来越喜欢动手，在制作过程中，孩子们有想法，这样的想法需要提前设计出草图，这样在实施过程中有所参照，随着活动的进行，才不会被他人的想法带走，因此设计了画图设计的环节。在想办法实现自己想法的过程中，有时候需要借助小伙伴的帮助，而且大班幼儿和伙伴的交往需求和机会不断增加，为了让幼儿在活动中感受与伙伴合作的快乐，设计了此次活动——“合作的小木匠”。

2. 活动目标

（1）在实际操作中形成设计图纸、实施方案、局部调整的过程。

（2）在具体操作中，伙伴之间自由组合、互相协商，自主分配任务，合作完成作品。

3. 活动准备

（1）物质准备：各种形状的板子、锯子、钉子、手套、胶枪、胶棒。

（2）经验准备：已经搭建过木工作品；懂得与伙伴合作的技巧。

4. 活动过程

师：“孩子们，咱们这次木工活动，需要和你的小伙伴一起合作搭建，做你们喜欢的物品。”

师：“你们搭建的时候，首先要一起商量提前画出设计图，然后选择材料，分工合作制作完成。”

轩轩：“是我们俩商量，然后画出图纸对吧？”

师：“对，是的，现在请先找到伙伴结成一组。”

轩轩：“我要和扬扬一组。”

乐乐：“我和洛洛一组。”

子馨：“我想和大雨一组。”

大雨：“可是我想和男孩子一组。”

师：“那你能和子馨一组吗？以后再和男孩子一组。”

大雨：“好的，我和子馨一组吧。”

两人一组完成后，并在小伙伴商量绘画图纸后开始分工合作：轩轩和扬扬组想做楼房，画完草图后发现，制作的时候窗户做不出来，于是两个人改成了高铁，高铁的各个部件需要找到合适的木块，所以在做的时候，两个人决定把两部分粘贴在一起，最后在车身上画上车门和车窗，两个人的高铁合作完成。

佳诺和聪聪组制作房子，两个人首先在李师傅的帮助下锯了一块方形的木头，然后再选择相同大小的四根柱子，在柱子的周围选择轻便易裁剪的薄木片，木片选完发现不够大，于是两个人又拿了几块，将几个柱子围上围墙一样的薄板子，最后在房子上画上窗户、门等。

小小和辰辰组选择做的是滑梯，首先辰辰将木块锯成一段一段的，然后选择了一段扁扁的长方体木块，将一个规整的平面作为滑梯。

嘟嘟和方方想做一个超大的飞机，嘟嘟说："谁来帮我们，我们设计了一个无敌侦察机。""我来！我来！"好几个男孩对飞机很感兴趣，在一起叽叽咕咕商量着："咱们选择一个长木板当作机身，两个差不多的木块当作机翼，上边要有螺旋桨，然后下面咱们就可以做一个驾驶室。""还有尾翼，用这种往上翘的板子，太合适了！"嘟嘟选择了一个长方形的木头，然后用锯子锯成一小段，两个人又锯了不一样长度的木头，又分别找到木板作为飞机的机翼和机身，将木块钉在机身上，作品圆满完成。

图7

5. 活动反思

孩子们一起讨论、商量如何设计出自己喜欢的作品，在商量到底做什么东西时，有的小组是有争议的，有的想做这个，有的想做那个，经过交流与沟通，能够在没有其他人介入的情况下达成一致，设计草图，在与伙伴合作实现自己想法的过程中，竟然看到了孩子们真像建筑师一样设计草图，自主进行对比，不断修正直到完成作品。

三、活动特点及价值所在

本次活动由一棵被砍倒的树引起，让幼儿尝试解决开放性的问题，鼓励幼儿大胆创造，发挥其想象力，利用固定的材料，进行设计、制作，并加以修饰，从而进入良性的思维培养。《指南》提出，要对幼儿的学习方式和特点进行深刻理解，创设丰富的教育环境，让幼儿通过直接感知、实际操作与亲身感受来获取经验，对培养幼儿探究及处理问题的能力十分有益，同时能促进幼儿的身体协调能力和灵活性。幼儿借助小工具开展创意木工游戏时，敲打、粘连、组合等动作能够使其身体的协调能力和动手能力得到很大的提升。

我种植，我快乐

幼儿园的一草一木都是为孩子准备的，在我们实验幼儿园里随时随处都具有教育价值。为了让孩子们亲近自然，关注周围环境，幼儿园充分利用自己的种植园地这一优势，拓展活动领域，为每个班开辟了种植园地。因为在种植园地中，每个孩子都是小主人，在这里，孩子们始终充满着好奇，里面有了孩子们一起种植的成果，有着无数未知的秘密，这里是孩子们学习的场所。

中班的孩子，有了小班最初的种植经验，但这次依然很积极地参与到活动中来，荣幸地成为“劳动最光荣”的一员。我们本着“和谐、生态”的原则，给孩子们一个参与种植，观察与发现，付出与收获的自由空间，在这里，孩子们分工、合作、交流、分享，以达到人与人、人与自然的和谐共处。

一、感知并了解植物的种子

孩子们看到各种各样的种子，非常兴奋，他们马上围过来仔细观察，很快便发现这些菜籽种子不同的地方，兴奋地交流谈论着。

幼：“秋天蔬菜的种子真多呀！”

乐乐：“种子有黑色，还有红色。”

东东：“这些种子的大小也不一样，这个像面蚕豆一样，我吃过。”

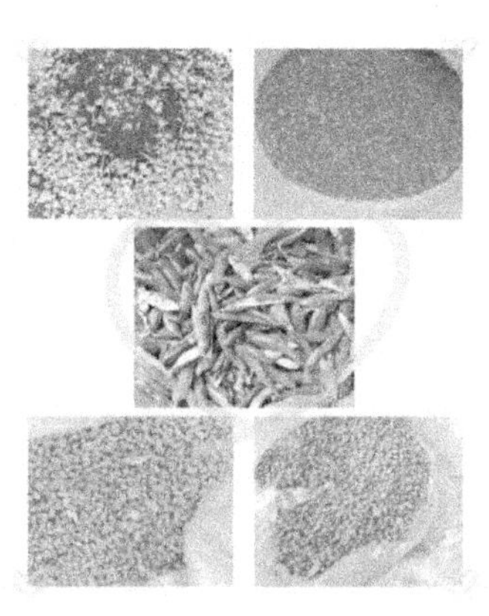

图1

二、摸起来感觉也不一样

幼："这个黑黑的种子摸起来很柔软。""这个摸起来可硬啦！""你们看，这种子还有外皮，是黑色的。"

在台儿庄区实验幼儿园王兴科老师的指点下，孩子们很快熟悉和认识了秋季种子：菠菜、菜籽、豌豆、小麦、油菜和大葱等。

三、征集孩子们的想法

李老师抓住时机，趁着孩子的兴趣正浓，进行集体教学，开展小组活动，征集孩子们的想法："今年秋天我们种什么呢？"孩子们分组讨论。

图2

通过观察和交流，我们对孩子的相关经验有了一定的了解。同时，孩子们初步知道了种子的用途，掌握了各种植物的明显特征，而且有了初步的观察比较和积极思考的意识，激发了他们对种植的兴趣。

四、认识了解种植工具

幼儿："原来农具的种类这么多，种蔬菜一定更有意思，我们也想尝试一下，做个会种菜地的小能手！"孩子们看到各种各样的农具，非常感兴趣。

图3

五、动手实践

孩子们拿起农具，积极主动刨土。在王爷爷的指导下明白种植之前有许多学问，要给土上些肥料，这样种出的蔬菜才能长得旺盛！而且要松土，撒养料。

（一）认识农具

幼儿积极交流讨论：农具像个耙子，又像一把大大的梳子，好神奇，一会儿就把菜地整得平平整整！孩子们发现了很有意思的农具！

图4

（二）动手参与实践

快乐的种植活动结束了，孩子们在收获中得到满足。下一个话题：种子发芽的样子。以《3—6岁儿童学习与发展指南》生活化、游戏化的精神为引领，提供多种机会让幼儿主动参与、探究、发现，尊重孩子的天性，相信孩子是有能力的学习者，他们用自己的双手、双眼和智慧发现了自然界的奥秘，并积极探索，目睹自然界的奇妙！新的一年让我们更新种植理念，努力通过种植给幼儿带来多样化的活动。

山楂熟了

一、背景

幼儿园是幼儿获得启蒙教育的场所，幼儿园课程的合理设置，对于丰富幼儿的生活与活动环境，满足幼儿多方面的需求有着至关重要的影响。随着新课程理念的更新与发展，如今幼儿园的课程更加关注幼儿的生活，倡导利用周边的环境与社区资源，为幼儿的健康成长打下坚实基础。

金秋时节，硕果飘香，实验幼儿园染上了浓浓的秋色，金黄的柿子在蓝天的映衬下缀满枝头，山楂树上挂满了玛瑙似的红果，熟透的梨子、咧嘴笑的石榴，俨然一幅秋日硕果图，点红了枝头，晕染了深秋的快乐。十月，天更湛蓝、更奔放，花更艳丽，情更浓郁，果儿更香！孩子们扬起自信的笑脸，一阵秋风吹过，果香满园，带孩子们好好开始采摘实践啦！

图1

教师把孩子们带到山楂树下：

请孩子们仔细观察，认识山楂的样子，了解山楂树的特征。

孩子：“山楂树不高，我可以摸到山楂；红红的果子真好看！桐桐你说果子是甜的吗？”

乐乐：“酸，我可不敢吃！”（捂着小嘴笑啦！）

孩子们在山楂树下转着、聊着，满脸的喜悦映红笑脸！孩子们在户外时间经常看一看，红红的果子是什么？好吃吗？薛老师带领孩子们观察它们是什么样子的呢？

二、品尝山楂

中午可以吃山楂啦——将山楂清洗干净，孩子们欢乐地伸着小手。

图2

尝一尝，哎呀，怎么和平时吃的不是一个味道呀？酸得宝贝紧皱起眉头。

了解山楂的做法。

三、绘画糖葫芦

图3